农村金融创新团队系列丛书

中国农村小额信贷可持续
发展影响因素研究

于转利　著

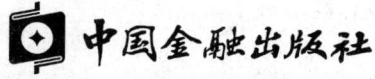

中国金融出版社

责任编辑：张怡姮
责任校对：孙　蕊
责任印制：丁淮宾

图书在版编目（CIP）数据

中国农村小额信贷可持续发展影响因素研究（Zhongguo Nongcun
Xiaoe Xindai Kechixu Fazhan Yingxiang Yinsu Yanjiu）/于转利著 . 一北
京：中国金融出版社，2014.10
　　（农村金融创新团队系列丛书）
　　ISBN 978 - 7 - 5049 - 7505 - 8

　　Ⅰ.①中… 　Ⅱ.①于… 　Ⅲ.①农业信贷—可持续性发展—影响因
素—研究—中国 　Ⅳ.①F832.43

中国版本图书馆 CIP 数据核字（2014）第 080797 号

出版
发行　**中国金融出版社**

社址　北京市丰台区益泽路 2 号
市场开发部　（010）63266347，63805472，63439533（传真）
网 上 书 店　http://www.chinafph.com
　　　　　　（010）63286832，63365686（传真）
读者服务部　（010）66070833，62568380
邮编　100071
经销　新华书店
印刷　利兴印刷有限公司
尺寸　169 毫米×239 毫米
印张　13
字数　186 千
版次　2014 年 10 月第 1 版
印次　2014 年 10 月第 1 次印刷
定价　32.00 元
ISBN 978 - 7 - 5049 - 7505 - 8/F. 7065
如出现印装错误本社负责调换　联系电话（010）63263947

农村金融创新团队系列丛书
编委会

序言一

农村金融是农村经济发展的"润滑剂",农村金融市场是农村市场体系的核心。党和国家历来重视农村金融发展,党的十八届三中全会明确提出了扩大金融业对内对外开放,在加强监管的前提下,允许具备条件的民间资本依法发起设立中小型银行等金融机构,进一步发展普惠金融,鼓励金融创新,丰富农村金融市场层次和产品,同时赋予农民对承包地占有、使用、收益、流转及承包经营权抵押、担保权能,为下一步农村金融改革指明了方向。2004—2014年连续11个中央"一号文件"从不同角度提出了加快农村金融改革、完善农村金融服务、推动农村金融制度创新,这些农村金融改革创新的政策、决定对建立现代农村金融市场体系、完善农村金融服务、提升农村金融市场效率起到了积极的推动作用。但是,当前农村金融发展现状距离发展现代农业、建设社会主义新农村和全面建成小康社会的目标要求仍有较大差距,突出表现在:农村金融有效供给不足且资金外流严重、农村金融需求抑制、市场竞争不充分、市场效率低下、担保抵押物缺乏等,农村金融无法有效满足当前农村发展、农业增产和农民增收的现实需要。进一步推动农村金融改革、缓解农村金融抑制、加快农村金融深化、鼓励农村金融创新以及提升农村金融服务效率,任重道远。

根据世界各国经济发展的经验,在城市化进程中,伴随着各类生产要素不断向城市和非农产业的流动,农村和农业必然会发生深刻的变化。改革开放以来,中国经济取得了举世瞩目的成就,农村经济体制改革极大地调动了亿万农民的积极性,经济活力显著增强。经济快速发展的同时,城乡发展不平衡、城乡收入差距扩大、农村经济落后等问题也日渐凸显,"三农"问题则是对这些突出矛盾的集中概括。"三农"问题事关国家的发展、安全、稳定和综合国力的提升,历来是党和政府工作的重中之重。金融是现代经济的核心,农村金融发展对农村经济发展至关重要,解决"三农"问题离不开农村金融支持。由于中国农村金融不合理的制度安排,农村金融抑制现象严重,农村金融与农村经济并未形成互动共生、协调发展

的局面，农村金融资源配置功能并未真正得到发挥，滞后的农村金融在一定程度上抑制了农村经济的发展。

1978 年改革开放至今，农村金融改革的步伐不断加快，经历了农村金融市场组织的多元化和竞争状态的初步形成、分工协作的农村金融体系框架构建、农村信用社主体地位的形成，以及探索试点开放农村金融市场的增量改革四个阶段。农村金融改革取得初步成效，多层次、多元化、广覆盖的农村金融体系基本形成，农村金融供求矛盾逐步缓解，农村金融服务水平显著提高，农村金融机构的经营效率明显提升，农村信用环境得到有效改善。然而，农村金融仍然是农村经济体系中最为薄弱的环节，资金约束仍然是制约现代农业发展和新农村建设的主要的"瓶颈"。在统筹城乡发展、加快建设社会主义新农村以及推进现代农业发展的大背景下，农村金融如何适应农村及农业环境的快速变化、如何形成"多层次、广覆盖、可持续"的农村金融体系、如何破解农村"抵押难、担保难、贷款难"的困境，推动农村金融更好地为农村经济发展服务，让改革的红利惠及 6.5 亿农民，依然是需要研究和解决的重大课题。

可喜的是，在西北农林科技大学，以罗剑朝教授为带头人的科研创新团队，2011 年 12 月以"西部地区农村金融市场配置效率、供求均衡与产权抵押融资模式研究"为主攻方向，申报并获批教育部"长江学者和创新团队发展计划"创新团队项目（项目编号：IRT1176）。近 3 年来，该团队紧紧围绕农村金融这一主题，对农村金融领域的相关问题进行长期、深入调查和分析，先后奔赴陕西、宁夏等地开展实地调研 10 余次，实地调查农户 5000 余户、涉农企业 500 余家，走访各类农村金融机构 50 余家，获得了大量的实地调研数据和第一手材料。同时，还与中国人民银行西安分行、中国人民银行宁夏分行、陕西农村信用社联合社、杨凌示范区金融工作办公室、杨凌示范区农村商业银行、高陵县农村产权交易中心等机构签订了合作协议，目前已拥有杨凌、高陵和宁夏同心、平罗 4 个农村金融研究固定观察点。针对调查数据和资料，该团队对西部地区农村金融问题展开了系统深入的研究，通过对西部地区农村金融市场开放度与配置效率评价、金融市场供求均衡、农村产权抵押融资试验模式等的研究，提出以农村产权抵押融资、产业链融资为突破口的农村金融工具与金融模式的创新方案，进而形成"可复制、易推广、广覆盖"的现代农村金融体系，能够为提高农村金融市场配置效率及农村金融改革政策的制定和实施提供依据。本项目调查研究取得了比较丰硕的科研成果，其中一部分纳入本套系列丛书以专著的形式出版。虽然其中的部分观点可能还有待探讨和商榷，但作者敏锐的观察视角、务实的研究作风、扎实的逻辑推导、可靠的数据基础，使得研究成果极具原创性和启发性，这些成果的出版，必然会对深刻认识农村金融现实、把握农村金融的运作规律提供有益的依据参考和借鉴。

实现全面建成小康社会的宏伟目标，最繁重、最艰巨的任务在农村。要解决农村发展问题，需要一大批学者投入到农村问题的研究当中，以"忧劳兴国"的精神深入农村，深刻观察和认识农村，以创新的思维发现和分析农村经济发展中的问题，把握农村经济发展的规律，揭示农业、农村、农民问题的真谛，以扎实的研究结论为决策部门提供参考，积极推动农村经济又好又快发展，以不辱时代赋予的历史使命。

我相信，此套农村金融创新团队系列丛书的出版，对于完善西部地区农村金融体系、提高西部地区农村金融市场配置效率，推动西部地区农村经济社会发展具有重要意义。同时我也期待此套丛书的出版，能够引起相关政策的制定者、研究者和实践者对西部地区农村金融及农村金融改革问题的关注、积极参与和探索，共同推进西部地区农村金融改革的创新和金融市场配置效率的提高。

是为序。

国务院发展研究中心副主任、研究员　韩俊

二〇一四年八月三十日

序言二

　　金融是现代经济的核心，农村金融是现代金融体系的重要组成部分，是中国农业现代化的关键。当前，我国人均国民生产总值（GDP）已超过4000美元，总量超过日本，成为世界第二大经济体。如何在新的发展阶段特别是在工业化、信息化、城镇化深入发展中同步推进农业现代化，构建起由市场配置各种要素、公共资源均衡覆盖、经济社会协调发展的新型工农关系、城乡关系，破解推进农业现代化的金融难题和资金"瓶颈"，是实现"中国梦"绕不过去的难题。

　　改革开放以来，党中央、国务院先后制定并出台了一系列促进农业和农村发展的政策与文件，在农村金融领域进行了深入地探索，特别是党的十八大、十八届三中全会提出"完善金融市场体系"、"发展普惠金融"、"赋予农民对承包地占有、使用、收益、流转及承包经营权抵押、担保权能"，农村金融产品与服务方式创新变化，农户和农村中小企业金融满足度逐步提高，农村金融引领和推动农村经济社会发展的新格局正在形成。但是，客观地说，农村信贷约束，资金外流，农村金融供给与需求不相适应、不匹配等问题依然存在，高效率的农村资本形成机制还没有形成，农村金融与农村经济良性互动发展的新机制尚待建立，农村金融依然是我国经济社会发展的一块短板，主要表现在以下几个方面：

　　1. 金融需求不满足与资金外流并存。据调查，农户从正规金融机构获得的信贷服务占30%左右，农村中小企业贷款满足度不到10%。同时，在中西部地区，县域金融机构存贷差较大，资金外流估计在15%～20%。农村资金并未得到有效利用，农村金融促进储蓄有效转化为投资的内生机制并没有形成。

　　2. 农村金融需求具有层次性、差异性与动态性，不同类型农户和中小企业金融需求存不同，多层次的农村金融机构与农村金融需求主体供求对接的有效机制尚待形成。农户资金需求具有生产性、生活性并重且以生活性为主的特点，农村中小企业多属小规模民营企业，对小额信贷需求强烈，加之都没有符合金融机构要求的抵（质）押品，正规金融服务"断

层"现象依然存在。

3. 农村金融市场供求结构性矛盾突出，市场垄断、过度竞争与供给不足同时并存。从供给角度看，农村金融的供给主体以农业银行、农村信用社、邮储银行等正规金融为主，其基本特征是资金的机会成本较高、管理规范，要求的担保条件比较严格；从需求的角度看，农村金融需求主体的收入、资产水平较低，借贷所能产生的利润水平不高，且其金融交易的信息不足。尽管存在着借款意愿和贷款供给，但供求双方的交易却很难达成，金融交易水平较低。因此，要消除这种结构性供求失衡，就要充分考虑不同供给与需求主体的特点及他们之间达成交易可能性，采取更加积极的宏观政策与规范，建立多层次、全方位、高效率、供求均衡的现代农村金融体系。

必须改变用城市金融推动农村金融的理念和做法，以及单方面强调金融机构的调整、重组和监管的政策，从全方位满足"三农"金融需求和充分发挥农村金融功能的视角，建立农村金融供求均衡的、竞争与合作有效耦合的现代农村金融体系。按照农村金融供求均衡理念，对农村金融机构服务"三农"和农村中小企业做适当市场细分，实现四个"有效对接"，推进农村金融均衡发展。

第一，实现正规金融供给与农业产业化龙头企业金融需求的有效对接。由于农村正规金融机构的商业信贷供给与农业产业化龙头企业的金融需求相适应，正规金融机构的商业信贷交易费用较高，交易规模较大，客户不能过于分散，担保条件要求严格，而龙头企业在很大程度上已参与到了城市经济的市场分工中，在利润水平及担保资格都能够符合正规金融机构要求的情况下，有些企业甚至能够得到政府的隐性担保，加之建立有相对完善的会计信息系统，能够提供其经营状况的财务信息，信贷信息不对称现象也能有所缓解，因此，二者具有相互对接的可行性。尽管农村正规金融发展存在诸多问题，但从其本身特点以及龙头企业发展角度看，实现正规金融供给与龙头企业金融需求对接具有必然性。所以，中国农业银行应定位为农村高端商业银行，在坚持商业化经营的前提下，加大对农业产业化龙头企业的支持力度，主要满足大规模的资金需求。通过政策引导，把农业银行在农村吸收的存款拿出一定比例用于农业信贷，把农业银行办成全面支持农业和农村经济发展的综合性银行。

第二，实现正规中小金融机构的信贷供给与市场型农户、乡镇企业、中小型民营企业金融需求的有效对接。正规中小型金融机构的小额信贷与市场型农户、乡镇企业、中小型民营企业的金融需求相相应，市场型农户、乡镇企业、中小型民营企业的金融需求主要用于扩大再生产，所需要的资金数额相对较大，借贷风险较大，不易从非正规金融机构获得贷款；由于其自身在资产水平存在的有限性，使得他们不能像龙头企业那样，从正规金融机构获得商业贷款。而正规中小型金融机构，尤其是农村商业银行、农村合作银行、村镇银行等，相对于大银行，在成本控制上存在较大优势，而且较易了解市场型农户、乡镇企业、中小型民营企业的生产经营状况，可根据其还款的信誉状况来控制贷款额度，降低金融风险；中小型金融机构倾向于通过市场交易过程，发放面向中小企业的贷款，按市场利率取得更高收益，市场型农户、乡镇企业、中小型民营企业是以市场为导向的，接受市场利率，也倾向于通过市场交易过程获得贷款，二者之间交易易于达成。另外，正规中小金融机构具有一定优势：其资金"取之当地、用之当地"；员工是融入到社区生活的成员，熟悉本地客户；组织架构灵活简单，能有效解决信息不对称问题；贷款方式以"零售"为主，成本低廉、创新速度快；决策灵活，能更好地提供金融服务，二者之间实现金融交易对接具有必然性。目前，农村正规中小型金融机构发展较为迅速，应继续鼓励和引导农村商业银行、农村合作银行、村镇银行发展，构建起民营的、独资的、合伙的、外资的正规中小型金融机构，大力开展涉农金融业务。

第三，实现正规金融、非正规金融机构的小额信贷供给与温饱型农户金融需求的有效对接。农村小额信贷，主要指农村信用合作社等正规金融机构、非正规金融机构提供的农户小额信贷，是以农户的信誉状况为根据，在核定的期限内向农户发放的无抵押或少抵押担保的贷款。正规金融机构、非正规金融机构的小额信贷供给与温饱型农户金融需求相应，他们之间的交易对接具有充分的可行性。目前，温饱型农户占整个农户的40%～50%，他们的借贷需求并不高，还贷能力较强，二者之间的信贷交易易于达成。农信社和其他非正规金融机构的比较优势决定其生存空间在农村，从国外银行业的发展情况看，即使服务于弱势群体，也有盈利和发展空间。农信社应牢固树立服务"三农"的宗旨，通过建立良好的公司治理机制、科学的内部激励机制，切实发挥农村金融主力军作用；适应农村温饱型农户金融需求的特点，建立和完善以信用为基础的信贷交易机制，提高农户贷款覆盖面；通过农户小额信贷、联户贷款等方

式，不断增加对温饱型农户的信贷支持力度。当前，农户小额信贷存在的问题主要有：资金缺口大、贷款使用方向单一、贷款期限无法适应农业生产周期的需要、小额信贷额度低等。针对这些问题，应采取措施逐步扩大无抵押贷款和联保贷款业务；尝试打破农户小额信贷期限管理的限制，合理确定贷款期限；尝试分等级确定农户的授信额度，适当提高贷款额；拓展农信社小额信贷的领域，由单纯的农业生产扩大到农户的生产、生活、消费、养殖、加工、运输、助学等方面，扩大到农村工业、建筑业、餐饮业、娱乐业等领域。

第四，实现非正规金融机构的小额信贷与温饱型、贫困型农户金融需求的有效对接。民间自由借贷的机会成本相对较低，加上共有的社区信息、共同的价值观、生产交易等社会关系，且可接受的担保物品种类灵活，甚至担保品市场价值不高也能够较好地制约违约，与温饱型、贫困型农户信贷交易易于达成，实现二者之间的有效对接具有必然性。发达地区的非正规金融，其交易规模较大、参与者组织化程度较高，以专业放贷组织和广大民营企业为主，交易方式规范，具备良好的契约信用，对这类非正规金融可予以合法化，使其交易、信用关系及产权形式等非正式制度得到法律的认可和保护，并使其成为农村金融市场的重要参与者和竞争者；欠发达地区的非正规金融，其规模较小、参与者大多是分散的温饱型、贫困型农户，资金主要用于农户生产和生活需要，对此类非正规金融应给予鼓励和合理引导，防止其转化成"高利贷"。同时，积极发展小规模的资金互助组织，通过社员入股方式把资金集中起来实行互助，可以有效解决农民短期融资困难。应鼓励和允许条件成熟的地方通过吸引民间资本、社会资本、外资发展民间借贷，使其在法律框架内开展小额信贷金融服务。

总之，由于商业金融在很大程度上不能完全适应农村发展的实际需求，上述市场细分和四个"有效对接"在不同地区可实现不同形式组合，不同对接之间也可实现适当组合，哪种对接多一点、哪种对接少一点，可根据情况区别对待，其判断标准是以金融资本效率为先，有效率的"有效对接"就优先发展。

为了实现以上四个"有效对接"，还必须采取以下配套政策：一是建立新型农村贷款抵押担保机制，分担农业信贷风险。在全面总结农户联保、小组担保、担保公司代为担保等成功经验的基础上，积极探索农村土地使用权抵押担保、农业生物资产（包括农作物收获权、动物活体等）、农业知识产权和专利、大型农业设施、设备抵押担保等新型农村贷款抵押担保方式，降低农贷抵押担保限制性门槛，鼓励引导商业担保机构开展农村抵押担保业务。二是深化政策性金融改革，引导农业发展银行将更多资金投向农村基础设施领域。通过发行农业金融债券、建立农业发展基金、进行境外融资等途径，拓展农业发展银行资金来源，统一国家支农资金的管理，增加农业政策性贷款种类，把农业政策性金融机构办成真正的服务农村基础设施等公共物品、准公共物品投融资的银行。三是建立政府主导的政策性农业保险制度。运用政府和市场相结合的方式，制定统一的农业保险制度框架，允许各种符合资格的保险机构在总框架中经营农业保险和再保险业务，并给予适当财政补贴和税收优惠。四是加强农村金融立法，完善农村金融法律和监管制度。目前，农村金融发展法律体系滞后，亟须加以完善。建议在《中华人民共和国公司法》、《中华人民共和国商业银行法》中增加农村金融准入条款，制定《民间借贷法》，将暗流涌动的农村民间金融纳入法制化轨道。适当修改《中华人民共和国银行业监督管理法》，鼓励农村金融机构充分竞争，防范农村金融风险；以法律形式明晰农业银行支农责任，督促其履行法定义务，确认其正当要求权；明确农业发展银行开展商业性金融业务范围，拓展农村基础设施业务，以法律形式分别规制其商业性、政策性业务，对政策性业务进行补贴；限制邮储银行高昂的利率浮动，加强对其利率执行情况的监督、检查力度。制定《金融机构破产法》，建立农村金融市场退出机制，形成公平、公正的农村金融市场竞争环境。制定《农村合作金融法》，规范农村合作金融机构性质、治理结构、监管办法，促进农村信用社等农村合作金融机构规范运行。

教育部 2011 年度"长江学者和创新团队发展计划"
创新团队（IRT 1176）带头人
西北农林科技大学经管学院教授、博士生导师
西北农林科技大学农村金融研究所所长

二〇一四年八月三十日

目 录

第三章 ◎中国农村小额信贷供给可持续发展的影响因素
分析/43

第一章　导论

小额信贷在孟加拉的成功，引起全球的效仿和普及。中国也不例外，自从 1993 年正式引入孟加拉小额信贷模式，小额信贷便开始了正式探索之路。将近 20 年的发展，中国的小额信贷有没有进展，是不是可持续的，是理论界研究的热点，也是小额信贷行业关注的焦点。

1.1　选题背景

回顾中国小额信贷发展历史，充分了解中国小额信贷发展状况，才可能抓住小额信贷问题实质，根据问题来寻求解决方案。

1.1.1　现实背景

世界范围内的小额信贷事业发展已经有几十年之久，为穷人服务的定位和灵活的操作方式受到广大发展中国家的普遍欢迎。这一金融创新形式发挥了扶贫和金融服务的双重作用，迅速在发展中国家传播开来。根据 2006 年世界银行的数据，发展中国家有 7000 多家小额贷款机构为 1600 万贫困人口提供信贷服务，小额贷款周转金达 25 亿美元（孙鹤和朱启臻，2007）。除发展中国家外，发达国家的银行业也涉足小额信贷事业。这些发达国家，如美国、英国、挪威或者成立小额信贷机构开展小额信贷业务，或者由大银行设立小额信贷部，专门开展小额信贷工作。2008 年世界银行扶贫协商小组（CGAP）公布显示，小额信贷资金主要来源于五家知名的国际机构：德国 KfW 银行、亚洲开发银行、世界银行、欧洲复兴与开发银行以及国际金融公司，提供的资金比例超过 50%①。小额信贷行业的高速发展，吸引了各类商业资本、投资基金大规模进入该领域。CGAP 公布的数据显示：截止到 2008 年 12 月，全球小额信贷资金规模增加了 30 亿美元，达到 148 亿美元（其中，南亚 36.5 亿美元，东欧和中亚 32.7 亿美

---

① 资料来源：Microfinance Funding Continued to Grow in 2008. CGAP, 2009 October 29. www. cgap. org.

元，拉美和加勒比地区 21.7 亿美元，非洲撒哈拉地区 19.7 亿美元），年增长率为 24%。

同时，CGAP 的研究（2008）表明，现存的 1 万多家小额信贷机构中，仅有 1% 是商业可持续的，具备持续发展的能力[①]，说明在小额信贷事业快速发展的背后隐藏着较大的危机。2010 年 10 月印度小额信贷危机给印度及世界其他地区的小额信贷行业敲响了警钟。过度负债、暴力催款和借款者被迫自杀等问题引发民众对小额信贷机构的广泛指责，借款客户在政府的鼓动和默许下拒绝还款，致使印度 SKS 小额信贷机构股价一度直线下跌，直接影响了印度小信贷的发展进程。这次危机成为世界小额信贷行业的一次大地震（Kamran Azim, 2011）[②]。2011 年 11 月挪威电视台的纪录片指责孟加拉的格莱珉银行挪用捐助资金，引发媒体对小额信贷广泛质疑。虽然后来挪威官方对此进行澄清，明确资金并未挪用，但孟加拉政府利用这件事迫使尤努斯辞去格莱珉银行行长之职。这两件事对小额信贷行业产生了重大影响，小额信贷在发展中国家发展步伐放慢。印度和孟加拉的小额信贷是发展中国家发展较好的典型，因此这两件事值得所有第三世界小额信贷行业深思。貌似有强大的机构，广泛的覆盖，良好的财务收益，为什么会发生这样的危机？小额信贷行业强调的财务可持续及机构可持续并没有阻止危机的出现。那么，是什么原因导致这场危机，还有其他什么因素影响小额信贷可持续发展，发展速度和可持续哪个更能够让小额信贷走得更好更远呢？这是本书研究的国际环境。

小额信贷被引入中国，最初目的是扶贫。中国的扶贫事业从 20 世纪 80 年代开始，1993 年引入小额信贷。中国社会科学院农村发展研究所引入小额信贷的 GB 模式在全国的几个贫困县开展小额信贷试验，探索行之有效的中国小额信贷之路。这个探索之路经历了四个时期[③]：

（1）小额信贷试验阶段（1993—1996 年 9 月）。此阶段小额信贷主要由社会团体与非政府组织操作试验（杜晓山，2009）。特征包括：资金来源主要是国际捐助和软贷款，重点探索孟加拉乡村银行（GB）模式，以

① 资料来源：CGAP. 2008. CGAP's Virtual Conference Highlights：How will microfinance weather the financial crisis storm?，http：//www. cgap. org/p/site/c/template. rc/1. 26. 4301.

② 资料来源：《近距离观察：小额信贷业发展阵痛》，沃顿知识在线，http：//www. knowledgeatwharton. com. cn//index. cfm? fa = viewArticle&Articleid = 2365.

③ 杜晓山：《我国小额信贷发展报告》，载《农村金融研究》，2009。

半官方或民间机构形式操作。

（2）小额信贷扩展阶段（1996 年 9 月至 2000 年）。除了社会团体和非政府组织进行的试验，政府和指定银行（中国农业发展银行和中国农业银行）操作国内扶贫资金，在贫困地区推广小额信贷，两大类型并行发展（杜晓山，2009）。特征是：政府开始支持，并利用此工具开始扶贫；某些机构注意与国际规范接轨。

（3）农村正规金融机构进入阶段（2000—2005 年）（杜晓山，2009）。农村信用社开展农户小额信用贷款和农户联保贷款，同时城市小额信贷试验开始起步。特征包括：农信社作为农村小额信贷市场的主力军。

（4）试行商业性小额信贷机构阶段（2005 年至今）（杜晓山，2009）。2005 年只贷不存小额贷款公司开始试点。2006 年银监会"新政"，试行村镇银行、贷款公司和农村资金互助社，并于 2008 年推广到全国。此外，批准成立邮政储蓄银行试行小额信贷业务。

经过四个阶段的发展，我国的小额信贷初具规模。总体而言，这些小额信贷分为三类：金融机构的小额信贷、政府机构的小额信贷和非政府机构的小额信贷。

中国的小额信贷主要引入孟加拉国的 GB 模式（杜晓山和孙若梅，2000），致力于农村经济增长和扶贫的双重目标。目前我国有 100 个左右由捐赠组织支持的小额信贷项目，均很难实现财务上的盈亏平衡，欠缺可持续发展能力（杜晓山，2009）。而我国金融机构开办的小额信贷由于经营成本高，贷款回收率低，最多只能获得 7% ~ 9% 的资产回报率，远低于国际标准，也尚未实现可持续发展（熊德平，2005）。因此，有关我国小额信贷的可持续发展问题几乎成为理论界和产业界一致关注的焦点，同时也印证了国际小额信贷的发展对我国的影响（林丽琼，2007）。

以上是中国小额信贷发展现状，也是中国小额信贷可持续发展的现实背景。认清中国国情，根据中国小额信贷发展现实来研究中国小额信贷可持续问题才能够做到从实践中来、到实践中去。

1.1.2 理论背景

国际上对小额信贷商业化的倡导，致使理论研究集中于小额信贷可持续发展。印度小额信贷危机的出现提醒研究者小额信贷过快的商业化、高

速的发展会导致与预期相反的结果。理论界对小额信贷的研究开始转向小额信贷内部：外部快速扩张导致不良后果，内部如何操作才能免予恶果。小额信贷机构快速发展与农户可承受债务之间如何达到平衡？什么因素影响小额信贷可持续发展，这些因素如何影响小额信贷可持续发展？这些问题都是理论界迫切需要解决的问题。本研究从这个角度出发来分析中国目前小额信贷可持续发展现状，挖掘影响中国小额信贷可持续发展的因素。

总之，无论是实践中还是理论上对小额信贷可持续发展影响因素的研究已经开展。中国的问题具有自己的特色，影响中国小额信贷可持续发展的因素也值得研究。这些研究无论是对中国农村金融改革，还是对中国小额信贷发展都很有意义。

1.2 选题目的与意义

基于以上对中国小额信贷可持续发展的重要性分析，本研究有较强的理论价值和实践意义。

1.2.1 研究目的

本研究主要以中国农村地区小额信贷发展情况，针对产生的问题，寻求解决路径。本研究主要有以下几个目的：（1）提出一个新的小额信贷可持续发展概念，即小额信贷可持续发展包含小额信贷供给可持续发展和需求可持续发展两个方面。（2）把小额信贷供给方（即机构）可持续发展细分为资金来源可持续发展、制度可持续发展、贷款实施可持续发展和财务可持续发展四个内容。（3）综合分析影响小额信贷供给可持续发展的因素和影响小额信贷需求可持续发展的因素，从供给和需求两方面分析影响小额信贷圆满完成的因素，并探讨均衡之外的影响因素。（4）把对小额信贷可持续发展影响因素的分析和小额信贷机构效率联系起来，最后把对影响因素的分析归结为对效率的分析。

1.2.2 研究意义

研究中国农村小额信贷可持续发展影响因素的意义在于：（1）扩展小额信贷可持续发展的内涵。以往小额信贷可持续发展侧重供给者——机构的可持续发展，忽视小额信贷需求者可持续发展。本研究把小额信贷需求者也融入小额信贷可持续发展框架内，使理论界重新重视需求者的作用。（2）细分小额信贷供给可持续发展内涵。把原有的财务可持续和组织可持续拓展到资金来源可持续、制度可持续和贷款实施可持续。延伸了小额信贷机构可持续发展要关注的方面。（3）小额信贷供给可持续发展影响因素和小额信贷需求可持续发展因素分别从供给和需求两方面影响小额信贷的圆满完成，改变以往重视供给不重视需求的研究现状。（4）关注以融资担保机构为代表的民间资本运营对农村小额信贷可持续发展的影响。（5）把可持续发展的影响因素和效率结合起来，引入国际流行的分析方法，推进中国的小额信贷机构效率和全要素生产率分析。

1.3　国内外研究动态

自从 2008 年美国的次贷危机到 2009 年开始蔓延至今的欧债危机，国际金融市场上风雨不断。除了大型的金融危机外，另一个金融创新——小额信贷也成为全球关注的热点。小额信贷的快速发展和普及，让越来越多侧重大型金融机构的研究者转变方向，研究小额信贷。金融小额信贷目前是国际金融领域研究的热门话题。除了国外，国内小额信贷践行者和研究者也比比皆是，对小额信贷的各个方面作出研究，贡献自己的力量。

1.3.1　国外研究进展

国际上对小额信贷的研究非常早，也比较细致深入。前期主要侧重覆盖率和可持续发展两个方面，后期注重效率分析。研究主要围绕以下几个方面：

1.3.1.1　关于小额信贷可持续定义的研究

不同学者持不同观点。Christen 等（1994）认为小额信贷可持续是小额信贷机构可以不需要政府和其他机构提供捐助而独立生存的情况。多数学者认为小额信贷最基本的两个原则是可持续性和覆盖更多的穷人（孙世艳，2010）。Robinson（2001）研究认为，小额信贷机构可以通过金融服务带来的收入来弥补它所有的成本，包括营业成本和资本成本。除此之外，还必须能够补偿对补贴和通货膨胀所做的调整以及能够补偿即将注销坏账的坏账准备，就实现了可持续发展。Yaron（2002）研究后认为，小额信贷可持续是指机构能够给投资者带来长期的市场回报，且可以脱离政府补

贴和持续注资（严盛虎，2004）。

一般而言，学者们认为小额信贷可持续指的是自给自足，但也有不同意见。制度主义者认为小额信贷机构可以自给自足，以俄亥俄州州立大学农村金融计划的研究者为主。Gonzalez-Vega（1994）认为，一是制度的可持续是给穷人成功提供金融服务的关键，二是自给自足是小额信贷机构可持续的必要条件。福利主义者认为小额信贷机构不需要自给自足就可以可持续发展。Morduch（1999）和 Woller 等（1999）认为捐赠是一种权益，捐赠者是社会投资者，可以获得社会或内在收益。小额信贷社会投资者一般依靠内在收益而金融收益为零。制度主义者认为要扩大服务的客户数量以侧重消除贫困的广度，达到规模经济、降低成本，从而达到金融自足。福利主义者主张服务最穷的客户，增加扶贫的外延深度，不会牺牲外延深度来达到金融自足。人们普遍认为扶贫的外延深度和金融自足是矛盾的，不能够同时达到（张润林，2009）。实际上，此两种小额信贷的目标主要在于程度之分，制度主义的小额信贷除注重机构可持续发展外，也关心穷人的经济和社会地位的改善；福利主义小额信贷同样利用员工激励和严格财务制度等措施以实现其可持续性。近年来制度主义与福利主义逐渐趋同，这引起人们对小额信贷可持续发展的高度关注（李文政和唐羽，2008）。

1.3.1.2 关于小额信贷评价的研究

至于小额信贷的评价方面，覆盖面与可持续性是公认的标准（杨俊，2007）。Yaron（1994）率先以覆盖面和持续性来评价小额信贷经营能力（贾峤，2008）。Robert 等（1995）以"双向标准"进行了定性和定量的分析，目标机构为具有一定经营能力的 N 个小额信贷项目或机构，此举使要得持续性与覆盖面作为评价小额信贷可持续性的观点进一步被学界接受。Christen 等（1995）认为小额信贷商业化融资具有突破固定成本限制的优势，可更好地发挥扶贫功能。Zeller 和 Meyer（2002）提出小额信贷的大三角框架即农村小额信贷的覆盖率、可持续性和社会福利。他们认为覆盖率、财务可持续性和福利影响既是小额信贷的经营理念，也是评判小额信贷成功与否的产业标准。

1.3.1.3 关于小额信贷可持续性测量的研究

对小额信贷可持续性的测量主要还是操作可持续和经济可持续为核

心。Yaron 于 1992 年提出补贴依赖指数（SDI），Khandker 等于 1995 年在此基础上提出补贴依赖系数（SDR），对 SDI 的一些不足进行了弥补。Rosenberg 在 1996 年以他人研究成果为基础提出小额信贷机构可持续发展的盈亏平衡利率（Break-even Interest Rate），在应用中比 Yaron 的补贴依赖指数更科学。但 Morduch 认为 Rosenberg 没使用贷款拖欠率来调整公式，这样容易高估可持续性的盈亏平衡利率。Morduch 于 1997 年对以往测量可持续性的方法作了改进，提出了改进后的盈亏平衡利率。在此基础上，他指出小额信贷的可持续性是机构自我生存和发展的能力，前提为不需要外部提供特别资助，可分为操作可持续（比率为 OSR）与经济可持续（比率为 ESR）两层。

1.3.1.4　关于小额信贷可持续发展影响因素的研究

小额信贷可持续发展的影响因素方面主要集中在对经济可持续影响因素和成本影响因素的分析。在 Nguyen Thi Hoang Van（2002）看来，确保财务上的可持续发展以实现可持续性，必须做到以下几点（熊芳，2009）：（1）贷款规模的持续增长。增加客户数，其客户群体应该是范围更大的人群。（2）市场化利率的实施。应考量的因素包括营运成本、资金成本（包括通货膨胀、利息的支付与调整，受资助资金）和坏账准备。（3）高品质贷款组合的实现。（4）营运成本的良好。包括执行有效、非现场信贷员的最低限制、足够规模的分散单元以及对高密度的贫穷地区的高度关注。（5）收益率的提高。通过贷款与储蓄的机制设计，实现更多的收益。Jonathan Adongo 和 Christoph Stork（2005）利用不可持续的机构数据来分析影响小额信贷机构不可持续的因素从而反推出影响机构可持续的因素，这些因素有：盈亏平衡利率，组织形式，受行业组织支持水平，还款周期的灵活性，捐赠提供贷款启动资金，小组贷款，储蓄动员，已放贷款，人均收入九个。Adrian Gonzalez（2007）利用来自 84 个国家的 1003 家小额信贷机构 8 年的数据分析了影响小额信贷机构成本的因素，这些潜在的因素为机构性质，价格和投入的可得性，商业环境，国家公共建设和宏观经济变量（于转利和罗剑朝，2011）。

1.3.1.5　关于小额信贷机构效率的研究

对机构的研究，侧重点从运行绩效、效率对比到效率和覆盖率的关系。运用的主要有 DEA 方法和 SFA 方法。其中 Albert Park 和 Changqing

Ren（2001）利用来自中国三个地方不同性质的小额信贷机构数据，从覆盖率、可持续性及项目影响三个方面考察，发现这三个地区非政府组织（NGO）的运行效率较好，政府项目绩效较差，混合的项目绩效介于两者之间。Abdul Qayyum 和 Munir Ahmad（2006）运用非参数数据包络分析法、相关分析法和回归分析法将效率和可持续性结合起来研究。他们利用 Gow（2006）积极借款人大于 10000 的可持续标准衡量南亚的小额信贷机构。南亚的小额信贷机构平均而言是确实是可持续的，并得出 10 个巴基斯坦小额信贷机构、9 个孟加拉和 9 个印度小额信贷机构是不可持续的结论。研究同时表明，在规模不变的情况下，存在 2 家有效率的小额信贷机构，在可变规模下存在 5 家有效率的小额信贷机构。其中有 3 家来自孟加拉国，2 家来自印度。三个国家的小额信贷机构无效率的原因主要在于技术无效。来自孟加拉的 Annesa 和来自印度的 Pushtikar 经营达到效率前沿面，但是他们没有满足可持续性标准。Begona Gutiérrez Nieto 等（2007）利用 DEA 方法测量小额信贷机构的效率，突破了以往用财务比率衡量小额信贷机构效率的局限。针对 30 家拉丁美洲地区小额信贷机构每一个投入和产出的联合，利用主成分分析法分析其效率。该研究获得四个效率的主要成分：整体效率，非政府组织地位，投入选择和产出选择，得出小额信贷机构效率值，还解释了效率值的多个影响因素。Niels Hermes 等（2008）采用随机前沿分析法（SFA）对 1300 个小额信贷机构进行分析，得出小额信贷机构的覆盖面和效率呈负相关关系的结论。M. Kabir Hassan 和 Benito Sanchez（2009）分析了 214 家来自拉丁美洲、中东、南非和南亚的小额信贷机构技术效率和规模效率（运用 DEA 方法和 Malmquist-DEA 方法），发现正规小额信贷机构（信贷联盟型和银行型）技术效率高于非正规小额信贷机构（非银行型和非盈利型），而南亚地区小额信贷机构的效率要高于其他地区，纯技术效率无效是小额信贷机构无效率的主要原因（于转利和罗剑朝，2011）。

1.3.2　国外研究评述

一般而言，小额信贷财务可持续更多地受到国际学术界关注，通过对财务状况的分析，分析期财务可持续能力，进而从收入和成本角度对其影响因素进行分析，寻找达到财务可持续性的可行方法。使用这种方法的代表人物有 Yaron、Morduch 等人。目前多以 Morduch 的经济可持续和操作可持续分析小额信贷机构的可持续。在小额信贷可持续性影响因素的研究中，研究经济可持续影响因素居多，分析成本的影响因素较普遍。

国外理论界较为重视小额信贷机构的覆盖率与可持续性，主张小额信贷机构商业化的发展道路。效率问题是机构商业化绕不开的问题，国外大量的研究集中在小额信贷机构效率分析上（于转利和赵国栋，2011），希望通过对效率的分析来判断机构的运行状况及其影响因素。对小额信贷机构效率的研究主要运用成本收益分析、DEA、SFA 等分析方法。国外对 DEA 方法的使用较为深入与成熟：包括一般 DEA、Malmquist-DEA 以及 SFA 选择方法的选择，规模报酬不变和可变的选择，投入产出导向的选择，投入指标和产出指标的选择。研究范围从不同地域机构效率比较到不同性质机构效率比较，效率高低原因分析，效率和其他指标如规模和覆盖面的关系等。这些研究都有着缜密的分析过程，把研究重点置于小额信贷机构自身。总体而言，在研究方法的选择上主要是普通 DEA，Malmquist-DEA 方法运用不多。

1.3.3 国内研究进展

小额信贷研究领域学者众多，各位学者从不同角度研究小额信贷。主要研究方向有以下几个：

1.3.3.1 关于小额信贷持续性的探讨

关于持续性的探讨，各个学者给出自己的见解。姚先斌和程恩江（1998）认为，小额信贷持续性是利用小额信贷的金融创新能力持久给小额信贷机构和客户带来利益，同时加强机构自身生存的能力。他们还认为我国小额信贷机构、财务、人员持续性都存在问题。解决问题的关键是利率的确定是否能够补偿成本。郭沛（1999）从小额信贷的扶贫目标、组织方式和指导方法、信贷机构在财务和经济上的持续性、对农村合作组织的培育、开发穷人的人力资源和综合能力等方面分析了小额信贷制度在实践中的绩效。

小额信贷可持续性可以从两个方面来理解：广义的与狭义的。狭义小额信贷可持续指通过机构自身提供的信贷服务产出的收益能够覆盖其运营成本和资金成本，总体要求是收入大于支出。广义的小额信贷可持续性可

分为管理可持续、技术可持续和财务可持续等。无论是广义还是狭义的角度，小额信贷可持续性都是指机构本身在各方面要保证自身能够独立生产和发展（徐绍红，2006）。目前学术界对小额信贷可持续性的具体内涵理解并不统一。一种较普遍的观点认为，小额信贷实现可持续性针对穷人，是让穷人从小额信贷中获得更多利益，目标是让穷人富裕，实现可持续发展。另一种观点认为，小额信贷可持续性针对外界对小额信贷机构的支持，如政府能够持续地对小额信贷机构提供发展资金，以使机构能够对穷人进行持续性信贷。小额信贷机构对可持续性的观点多注重收入对成本的优势，即机构本身信贷服务的收入能覆盖其运营成本和资金成本。有学者研究认为，更广义的小额信贷可持续性还包括机构的成长与动作，如何从组织、管理和技术方面进行合理有效的设计，以实现持续有效地为中低收入群体和穷人服务（施斐然，2006）。国际上较通用的小额信贷可持续性概念多指机构自身的可持续性。具体指小额信贷机构能够通过其自身运用实现收益以补偿它所有的成本，包括资本成本、营业成本、补偿通胀和补贴进行的调整、将要注销的坏账准备。由此，小额信贷机构的可持续发展被界定为在不需要补贴性资金的情况下，小额信贷机构能够在预期内持续营业，并以其自身所获得的收益覆盖全部成本支出（罗佳，2008）。操作可持续指机构利息收入以及其他收入能够覆盖并弥补机构资金成本以及非资金成本的能力。经济可持续指以机构获得的利息收入和其他收入弥补支付贷款的非资金成本和全部资金成本。小额信贷机构实现操作可持续，其收入并不能够完全弥补资金成本，也不具备按市场利率在资金市场直接获取融资来满足机构发展的能力。而如果小额信贷机构实现了经济可持续则能够摆脱补贴依赖。组织可持续针对组织建设而言，指机构在招聘、培训和使用人员方面实现独立有效运作。组织可持续与财务可持续是紧密联系，不可分割，财务可持续是组织可持续的基本前提之一，而组织可持续则为财务可持续提供了好的运行空间（潘虹竹，2008）。

1.3.3.2 关于小额信贷可持续发展影响因素的探讨

有关小额信贷可持续发展制约因素，主要有以下观点：汪三贵（2000）从内部和外部视角分析了小额信贷可持续发展的阻碍性因素。如市场准入、利率控制、资金来源构成了外部的障碍；观念、目标、市场信息、管理和监督等方面构成了内部的障碍。李辉（2005）认为，中国小额信贷面临着五类发展障碍：（1）市场经济机制不够完善。整体上未建立完善的市场经济体制，尤其贫困地区市场发育缓慢。（2）贷款利率过低。中国小额信贷款利率比国际通行利率要低，加之小额信贷一直都是以慈善事业的面目出现，有着扶贫的认识误区。（3）机构的法律地位模糊。目前尚没有明确的关于小额信贷机构法律地位的制度规定。（4）资金来源不足。我国小额信贷机构目前不具有合法的金融机构地位，资金来源受到诸多限制。（5）过多的政府干预。王曙光（2006）指出小额信贷可持续发展遇到五大挑战，即缺乏法律框架和有效监管，难以实现商业上的可持续性，组织没有实现规模经济和资金来源多样化，自身信誉和信用评级有限，自身风险控制和贷款担保困难。刘东文和苏配柚（2006）认为非营利性小额信贷机构可持续发展遇到的问题是：难以扩大服务覆盖面，自身背负的双重使命的冲突，缺乏合法化地位。这些问题导致非营利性小额信贷机构的可持续发展受到阻碍。刘庆娜和肖靖（2007）认为小额信贷机构可持续发展的制约因素有供求结构、利率、风险管理等。

　　针对小额信贷可持续发展的影响因素的研究主要包括如下方面：严盛虎（2004）认为，有五大方面影响小额信贷可持续发展，包括政府宏观经济政策、社会对小额信贷与扶贫关系的认知度、区域经济发展水平与市场化程度、小额信贷机构的管理水平以及社会信用环境等。何广文和李莉莉（2005）对正规金融机构小额信贷的需求影响因素及供给机构面临的障碍作了分析，并对金融机构绩效作了评价。茅于轼（2007）认为，政府的过多干预导致小额贷款的不能持续运行，尤其是政府的过多介入扰乱了本应严格的所有权归属，操作者没有决策权，从而失去责任感，导致无人负责的低效率。因此，他认为小额信贷机构登记注册，成为合法的经营主体是当前急需解决的问题。王晓楠和赵江波（2009）分析国外机构的可持续性影响因素分为机构因素和经济因素。机构因素有自负盈亏指标，贷款总量，资产报酬率，人均客户数，风险贷款比率。经济因素有商业自由度，贸易自由度，财政政策因素，政府规模，投资环境，物价因素，金融自由度，产权因素，腐败程度，劳动力自由度。李菁和蒋爱群（2006）认为小额信贷财务可持续就是财务自立，这主要受三个因素影响：还款率、贷款周期和小组联保方式。

　　小额信贷可持续发展需要的条件，研究者观点相近。汤敏（2001）研

究了属于制度主义阵营的两家银行，即印尼农村银行（BRI）与巴基斯坦卡什哈里银行，得出结论认为 MFI 的可持续应具有如下特征（林丽琼，2007）：（1）规模较大（8000 万～1 亿美元以上）。（2）较长历史，至少 3 年以上。（3）正规金融监管。（4）足够的覆盖面。（5）业务具有综合性，如吸收储蓄。（6）不良贷款比率，一般要低于 3%，不得超过 5%。张丽霞（2006）认为小额信贷可持续发展应包括以下几点：（1）合法的专门提供小额信贷业务的机构。（2）具有广阔的市场。（3）财务自立。（4）具有一支高素质的从业人员队伍，经营效率高。徐绍红（2006）认为，小额信贷可持续发展不仅指小额信贷机构的持久生存，也包括小额信贷市场份额的不断增长和小额信贷金融创新和服务创新能力的增强及其生存能力的增强。吴晓灵（2006）认为，小额信贷可持续发展应具备一定的条件，包括税收政策引导、区域金融机构为主、民间金融的规范、适度竞争的金融环境。潘虹竹（2008）认为，对农村小额信贷而言，借贷双方预期收益最大化是其可持续发展的基本条件。一方面机构提供信贷服务要产出最大收益；另一方面，需求者（农户）的预期收益也要最大。两方面预期收益最大化的实现需要确定作为小额信贷提供者的机构与需求者的农户在市场中的主体地位，以实现"双赢"。

1.3.3.3 关于小额信贷目标客户的探讨

至于小额信贷的目标客户方面，研究成果不多，以程恩江等人的研究为主。刘西川等（2007）研究发现，非政府组织性质的小额信贷机构客户出现上移现象，即由原来的低收入、中等偏下收入客户上移到中等偏上收入农户，甚至高收入农户。这一方面由需求影响：贫困户需求不足，富裕户需求旺盛。供给方面是机构迫于持续性压力，对小额信贷模式的变通，中心主任和信贷员倾向给能够分期付款的富裕农户贷款。程恩江和 Abdullahi D. Ahmed（2008）研究发现，农户的小额贷款需求和农户的收入、女性借贷者的受教育水平以及农户从农信社获得正规贷款的能力呈正相关关系。小额信贷机构自动瞄准机制并没有瞄准目标客户，目标客户贫困农户自动将自己排除在小额信贷之外，缺乏小额信贷需求。

1.3.3.4 关于小额信贷组织形式的探讨

对于小额信贷的组织形式方面，学者们争论较多。杜晓山（2004）系统介绍了中国小额信贷实践历程，包括中国农村小额信贷三个阶段、三大组织类型等。他对三类小额信贷模式、机构合法性、利率、资金来源等主要问题作了分析，并提出相关的政策与建议。刘锡良和洪正（2005）把小额信贷市场按目标客户分类，不同机构给不同目标客户提供服务，减少不必要的竞争。汪三贵（2000）指出，小额信贷帮助低收入群体是建立在机构可持续基础之上的。但也有少数学者持不同观点，如应宜逊等（2005）主张福利主义模式小额农贷机构以帮助那些最贫困农户。

董少林（2004）认为，农村信用社小额信贷具有一定的优势，这是非政府组织小额信贷、项目小额信贷以及政府小额信贷所无法比拟的。任常青（2006）认为我国NGO所有权主体不明确、资金产权不明晰导致机构缺乏承诺，责权利不明晰、机构行为扭曲、治理结构落后（刘亮，2006）。汪三贵和李莹星（2006）认为印尼人民银行非常成功，也在于其良好的组织结构和体制。印尼人民银行构成包括三个部门：法人业务部，主要负责较大额贷款，一般30万美元以上；零售业务部，主要负责2500美元至30万美元之间的业务，其下有323个分支机构提供储蓄服务；小额信贷业务部，下设地区办公室、分行和村银行。姜美善（2010）认为我国的NGO需要自救，包括所有权、资金产权明晰和内部治理结构的改革。NGO可以最大限度地瞄准穷人，实现MFI社会性和持续性相结合的优点，且侧重于社会性有利于小额信贷所有权形式创新。

1.3.3.5 关于小额信贷可持续的评价指标探讨

关于小额信贷可持续性评价，不少研究者给出自己的结论。汪轶（2004）认为，判断小额信贷是否实现了可持续发展应通过对其财务状况进行分析。首先对影响金融机构和非金融小额信贷机构财务可持续的各个因素进行分析，在此基础上构建小额信贷机构的绩效评价体系，包括资本充足性指标、资产质量指标、财务结构指标、收益成本指标以及流动性指标。韩红（2008）认为，三部分构成了农村小额信贷制度绩效评价指标体系。第一部分为绩效评价指标，主要包括流动性指标、盈利性指标、持续发展能力指标和安全性指标四个一级指标和相应的二级指标体系。盈利性指标包括净资产利润率、利润率、收入成本率三个二级指标。流动性指标包括流动比率、备付金比率和存贷比率三个二级指标。安全性指标包括不良贷款率、自有资本比率和资本充足率三个二级指标。持续发展能力指标包括非利息收入比率、总资产增长率和三年利润平均增长率三个二级指

标。第二部分为农户信贷的绩效评价指标，包括持续发展能力指标和盈利性指标两个一级指标体系。盈利性指标相应的二级指标包括净收入增长率、贷款利润率和收入成本比。持续发展能力指标的二级指标包括总资产增长率和总利润增长率。第三部分为信贷的社会绩效评价指标体系，包括5个二级指标：覆盖率、信贷发生次数增长率、信贷总额增长率以及人均信贷额增长率。贾峤（2008）认为小额信贷机构可持续经营能力评价指标体系可以从五个方面进行构建：盈利能力、综合发展能力、安全性、企业文化、人力资源，共有15项指标，全面完整地构建了小额信贷机构可持续经营能力的评价体系。第一个是盈利能力指标，包括资产收益率、资本收益率、收入利润率、营业费用率四个二级指标。第二个是安全性指标，由三个二级指标构成：不良贷款比率、资本充足率及核心资本率。第三个是综合发展能力指标，包括资产增长率、固定资产比率、不良贷款余额下降率三个二级指标。第四个是企业文化指标，包括经营文化和组织文化两个二级指标。第五个是人力资源指标，包括领导层素质、人力资源开发和员工绩效考核三个二级指标。欧阳敏华（2009）构建的商业化小额信贷可持续发展能力评价指标体系里面有三个一级指标：组织可持续性，运作可持续性，财务可持续性。这个一级指标还有三个二级指标。组织可持续性的二级指标包括机构人员稳定性、工作人员业务素质、工作人员思想素质。机构人员稳定性是指机构中工作人员的流动情况。运作可持续性的二级指标有业务覆盖规模、产品创新能力、风险评估能力三个。财务可持续性的二级指标有资本充足率、贷款损失准备充足率、风险贷款比率、贷款损失率、操作效率比率、资产回报率、现金比率七个。杨迪航和罗荷花（2011）构建的小额信贷可持续发展综合评价指标体系有4个方面，11个二级指标。盈利能力比率指标共包括三个二级指标：财务可持续性、操作可持续性及贷款收益率；财务构成比率指标包括捐赠或捐助比率、流动比率和总贷款率三个二级指标；贷款质量比率指标包括逾期贷款比率和风险贷款比率两个二级指标；经营效率比率指标包括操作支出率、信贷员平均贷款余额、每笔贷款单位成本三个二级指标。

1.3.4　国内研究评述

国内对小额信贷的研究主要集中在以下几个方面：一是小额信贷的持

续性定义方面。从机构的财务、人员、组织等方面的持续性入手分析，主要集中在国际流行的财务可持续和经济可持续方面。二是小额信贷可持续发展面临的问题。外部有市场准入、资金来源、市场机制、利率控制、法律定位、政府干预等制约因素，内部有管理不善、监督、独立性、目标、风险、信誉、组织形式等方面的问题。三是小额信贷可持续发展的影响因素。研究者从多角度分析，但是集中在财务可持续和机构可持续方面。财务方面影响因素主要是风险贷款比率、资产报酬率、利率、自负盈亏等，机构方面主要是政府干预、机构管理水平等。四是小额信贷可持续发展的条件。主要有机构存续、市场覆盖面、高效的从业队伍、财务自立等内部条件和适度竞争的金融环境、财政税收政策的引导和民间金融的规范等外部条件。五是小额信贷目标客户和组织形式方面。程恩江等发现非政府组织性小额信贷机构目标客户上移。杜晓山分析三种性质的小额信贷机构特点和目标客户。刘锡良等认为要把不同类型的目标客户区分开，不同性质的机构为特定目标客户服务。六是不同形式的小额信贷机构在小额信贷服务方面的优劣对比。七是关于小额信贷可持续发展评价指标体系。

国内小额信贷可持续发展研究主要以定性分析、对比分析为主。由于缺乏大量的数据资料和大规模的实地调查，研究者都是从自身观察的机构来分析小额信贷可持续能力，得出经验结论。实证分析较少，且集中在回归分析等方面。对小额信贷可持续发展影响因素没有系统的分析，主要停留在总结国外经验和某类机构管理制度不足的分析上，缺乏系统性。

1.4 研究思路、研究方法、数据资料及范围界定

在研究思路的指引下，利用掌握的研究方法和获得的数据资料研究小额信贷可持续发展影响因素。

1.4.1 研究思路

本书首先总结他人研究的成果，然后界定农村小额信贷可持续发展内容。从小额信贷供给者和需求者两个角度分析影响其可持续发展的因素。在此基础上探讨中国农村小额信贷供给和需求均衡发展状况，并挖掘影响供求均衡的因素。在此基础上拓展研究范围，对以融资担保机构为代表的民间资本与农村小额信贷可持续发展的关系进行探讨。最后对农村小额信

贷可持续发展能力作出评价。这里效率是一个主要线索，效率影响小额信贷供给可持续发展和需求可持续发展，效率是小额信贷可持续发展的基础因素，本书把对小额信贷可持续发展影响因素的分析转变为对效率的分析。本研究技术路线图见图1-1。

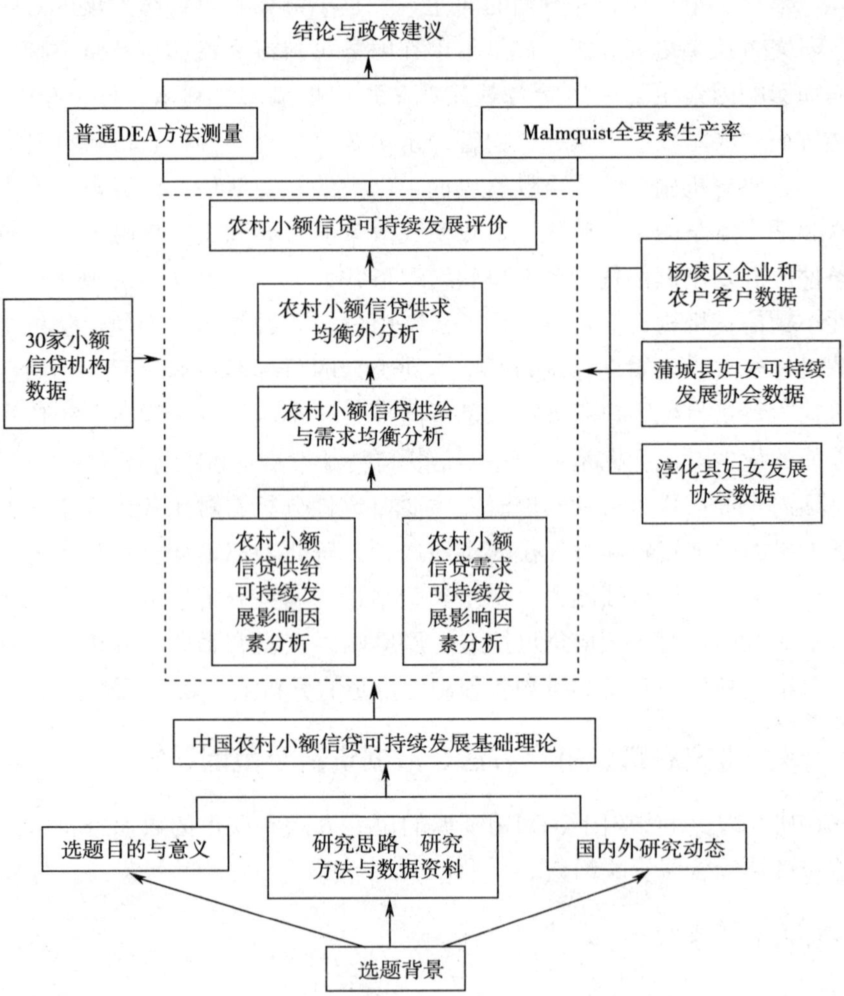

```
                    ┌──────────────────┐
                    │   结论与政策建议   │
                    └──────────────────┘
        ┌──────────────────┐      ┌──────────────────────┐
        │  普通DEA方法测量   │      │ Malmquist全要素生产率 │
        └──────────────────┘      └──────────────────────┘

                    ┌──────────────────────────┐
                    │ 农村小额信贷可持续发展评价  │
                    └──────────────────────────┘

                    ┌──────────────────┐          ┌──────────────────┐
                    │ 农村小额信贷供求   │          │  杨凌区企业和      │
                    │   均衡外分析      │          │  农户客户数据      │
                    └──────────────────┘          └──────────────────┘

┌──────────┐      ┌──────────────────┐          ┌──────────────────┐
│30家小额   │      │ 农村小额信贷供给   │          │  蒲城县妇女可持续  │
│信贷机构    │      │  与需求均衡分析    │          │  发展协会数据      │
│数据       │      └──────────────────┘          └──────────────────┘
└──────────┘
                 ┌──────────┐  ┌──────────┐       ┌──────────────────┐
                 │农村小额   │  │农村小额   │       │  淳化县妇女发展    │
                 │信贷供给   │  │信贷需求   │       │  协会数据          │
                 │可持续发   │  │可持续发   │       └──────────────────┘
                 │展影响因   │  │展影响因   │
                 │素分析     │  │素分析     │
                 └──────────┘  └──────────┘

        ┌────────────────────────────────────┐
        │ 中国农村小额信贷可持续发展基础理论    │
        └────────────────────────────────────┘

┌──────────────┐  ┌──────────────┐  ┌──────────────┐
│ 选题目的与意义 │  │ 研究思路、研究 │  │ 国内外研究动态 │
└──────────────┘  │ 方法与数据资料 │  └──────────────┘
                  └──────────────┘
                    ┌──────────┐
                    │ 选题背景  │
                    └──────────┘
```

图1-1　技术路线图

1.4.2　研究方法

数据包络分析（Data Envelopment Analysis，DEA）：这是基于投入产出

的一种非参数分析方法。DEA 模型是非参数法中应用较广的一种模型。DEA 模型中的 CCR 模型是规模报酬不变（CRS）条件下的模型，BCC 模型是规模报酬可变（VRS）条件下的模型。这两种模型运用较普遍，但当加入时间因素时，会形成各期生产前沿面不同而无法纵向比较，所以 CCR 模型和 BCC 模型只适用于使用截面数据横向对比决策单元效率的情况（袁晓灵和张宝山，2009）。Malmquist 全要素生产率可以有效弥补以上研究方法的缺陷，Malmquist 全要素生产率不需要投入与产出的价格变量，不必事先对评价单元的行为模式进行假设。并且，这个指数能被分解为几个有意义的指数的乘积，可以得到更为细致的动态分析结果。

归纳分析方法：从零散的研究中总结出普遍的结论。本书的研究每部分开始之前首先归纳他人研究成果，然后再开始本书的研究。在他人小额信贷可持续发展的研究成果之上挖掘其影响因素。本书各个章节均采用边总结边论证的研究方法。

对比分析法：在小额信贷供给可持续发展研究中，比较非政府机构和正规金融机构（主要是农村信用社）的运作情况。更好地区分不同机构小额信贷可持续发展的影响因素。在研究小额信贷需求可持续发展时，对比农户和农村小型企业的需求状况，以区分影响它们需求的因素。最后对比不同省份的小额信贷机构效率以衡量它们的可持续发展状况。

定性分析与定量分析相结合：定性分析和定量分析是相辅相成的两种方法。在分析小额信贷机构可持续发展影响因素是充分运用此两种方法，给出影响小额信贷机构可持续发展的定性描述和定量分析。

规范与实证分析相结合：规范分析是在价值判断的基础上给出研究对象最优的选择，实证分析是对发生现象的描述、解释和预测。本书对小额信贷可持续发展给出界定，并利用来自实践的数据资料分析论证，支持本书的结论。

1.4.3　资料来源

本研究资料来源有以下四个途径：

来源之一，杨凌区农村信用社。杨凌区农信社服务杨凌区 20 万人口，其中农民 12 万人。杨凌区五泉镇是小额信贷试点镇，本人集中调研贷款农户，分发问卷 100 份，回收 84 份，剔除无效问卷 4 份，获得 80 份有效问

卷，同时获得农村小型企业问卷 11 份。

来源之二：蒲城县妇女可持续发展协会。蒲城县妇女可持续发展协会是 2005 年 8 月在县民政局注册登记的社会团体法人。它以支持贫困妇女发展为目标，从事公益性活动，是具有独立法人资格的非营利性的社团组织。协会的宗旨是运用创新的金融手段和制度为中低收入妇女目标群体提供资金、技术、市场信息等方面的综合服务，促进本地区扶贫事业及社会、经济、环境的可持续发展。笔者于 2011 年 2 月底去该机构调研，和机构领导人及工作人员进行了详细的交谈，并在工作人员陪同下到农户家中走访。最后获取机构各类管理资料和部分农户信贷资料。

来源之三：淳化县妇女发展协会。淳化县妇女发展协会是：在国际计划支持下，由淳化县妇女联合会发起，于 2006 年 6 月 21 日在县民政局依法注册成立，是咸阳唯一一家帮助妇女发展的小额信贷机构。其使命是：运用创新的金融手段和严格的管理制度为城乡贫困妇女提供资金、技术、市场信息等方面的综合服务，促进本地区扶贫事业及社会、经济、环境的可持续发展。本人于 2011 年 3 月初到该机构调研，和机构工作人员交流，并获取机构及农户资料。

来源之四：中国小额信贷联盟。中国小额信贷联盟（China Association of Microfinance，CAM，以下简称联盟），其前身是"中国小额信贷发展促进网络"，是由国内小额信贷机构以及国内外支持小额信贷事业的机构和个人组成的全国性首家小额信贷行业协会。该机构成立于 2005 年 11 月，在花旗基金会的资金支持下，由中国社会科学院农村发展研究所、商务部中国国际经济技术交流中心和全国妇联妇女发展部联合发起成立，原名"中国小额信贷发展促进网络"。2010 年 9 月 17 日，经过会员大会同意"中国小额信贷发展促进网络"正式更名为"中国小额信贷联盟"。截至 2010 年 12 月 31 日，联盟拥有 92 家正式会员机构，覆盖全国 27 个省市。联盟成立初期，会员主要以公益性质的扶贫小额信贷组织构成。随着中国小额信贷行业的发展，联盟逐渐吸收了从事小额信贷业务的商业银行和小额贷款公司等机构作为会员。

本书所用的 30 家小额信贷机构的数据资料来自此联盟网站。这些数据资料由联盟的会员单位每年报送，具有一定的可信性和真实性。联盟高层和其他研究小额信贷的专家学者也多以此数据资料作研究。

1.4.4　研究范围界定

国内通行看法认为小额信贷机构是提供小额信贷业务的机构。中国提供些小额信贷的机构比较多，有非政府机构、金融机构和政府机构。商务部国际经济交流中心扶贫处处长白澄宇个人认为只有小额信贷业务占机构业总务量的50%才算小额信贷机构，只有小额信贷公司和非政府机构才算小额信贷机构。这里使用国内通行看法。

在中国农村地区，为农户提供小额信贷服务的主要是农村信用社、非政府机构、小额贷款公司和民间借贷（孔荣等，2007）。在我国农村，小额贷款公司主要对小型企业放贷且额度较大。一般不对农户放贷，即使对农户放贷，也因为额度过大而不被视做小额信贷（杜晓山，2007）。因此，本书研究的小额信贷机构主要以非政府机构和农村信用社两类为主，其他类型在适当的地方综合分析。我国从1993年第一个扶贫社成立到现在，非政府机构一般扎根在农村最贫困地区，它们是严格意义上的小额信贷机构。并且这类机构是真正为贫困农户提供信贷服务（起码机构明确以贫困农户和低收入群体为服务目标），发展此类机构可以满足贫困户的融资需求、缓解低收入群体融资难的局面（段应碧，2011）。到2006年这类小额信贷规模估计有10亿元，大概有100多个机构（杜晓山，2009）。农业银行从农村撤出后，营业网点一般设在县级，除非是城镇地区。农村信用社在广大农村成为主导。农村信用社在农村分布较广，在一般村镇都有营业网点。农村信用社县域网点数为5.2万个，占县域金融机构网点数的比重为41.5%（中国人民银行农村金融服务研究小组，2008）。农户存取钱方便，和农村信用社打交道最多。农村信用社可以利用便利条件为农户办理小额信贷业务，小额信贷业务量较大。农村信用社的信用贷款和联保贷款余额有3000多亿元，贷款农户有7000万人，是中国规模最大的小额信贷项目（杜晓山，2009）。

1.5　研究的创新之处

本书主要有以下几个创新点：（1）把小额信贷可持续发展定义为小额信贷供给可持续发展和小额信贷需求可持续发展两个方面。小额信贷供给可持续发展就是小额信贷机构可持续发展。小额信贷机构可持续发展包括

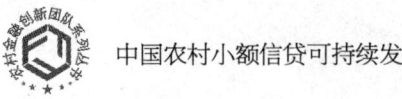

小额信贷机构的资金来源可持续发展、制度可持续发展、贷款实施可持续发展和财务可持续发展。小额信贷需求可持续发展包括需求者持续申请小额信贷、需求者规范使用小额信贷、需求者按时归还小额信贷三个方面。（2）通过对小额信贷供给与需求可持续的分析以及对各类影响因素的分析，本书发现"效率"是小额信贷可持续发展中最关键的因素，也是诸多影响因素中处于核心位置的因素。（3）中国农村小额信贷机构整体效率低，效率低的原因是纯技术效率和规模效率都比较低。（4）中国农村小额信贷可持续发展能力较弱，生产力处于下降趋势，技术进步慢是主要原因，其次是规模不大。

第二章　中国农村小额信贷
可持续发展基础理论

目前国内外学者主要运用两种范式来研究农村金融发展问题：一种是"供给驱动"（Supply Leading），另一种是"需求引导"（Demand Following）。供给驱动主要研究农村金融供给体系，需求引导主要研究农村的金融需求主体（帕特里克，1969，转引自何明生和帅旭，2008）。鉴于此，本研究主要从这两方面展开，兼顾小额信贷的供给和需求两方面。小额信贷可持续发展主要从两个方面界定：供给方面主要指小额信贷机构可持续发展，需求方面主要指小额信贷需求者可持续发展。为了避免印度小额信贷危机重演，对需求者尤其是农户的承受能力也要有所考虑。

2.1　小额信贷可持续发展界定

一般而言，小额信贷可持续发展有两个方面：交易的可持续性和机构的可持续性；可持续的机构要求有可持续的交易，可持续的交易是可持续机构存在的前提（Robinson，2001）。国际的通行观点认为小额信贷可持续发展是指小额信贷机构可持续发展。小额信贷机构可持续发展是指小额信贷机构不依靠外部提供的捐赠等条件而独立生存、发展和壮大。实际上是脱离捐赠或者剔除所有补贴后，机构的经营收入可以覆盖经营成本。

小额信贷可持续发展分为小额信贷供给可持续发展和小额信贷需求可持续发展两个方面。小额信贷供给可持续发展主要是指小额信贷机构可持续发展。小额信贷机构是小额信贷供给者，只有它存在，才可以开展小额信贷业务，为客户服务。因此小额信贷机构可持续发展是必需的。不过，小额信贷供给是为了满足包括农户在内的需求者的需求而生。这里不能够忽视小额信贷需求者的力量。小额信贷需求者对小额信贷的持续需求，保证了小额信贷机构有足够的客户，使小额信贷机构有了服务的对象和收入的来源。小额信贷需求者对小额信贷业务的持续需求以及和小额信贷机构长久合作，小额信贷供给才可以产生。有需求便有供给，可见小额信贷需

求的重要性。若没有需求者的有效需求，小额信贷便无法完成。小额信贷供需双方可持续发展是小额信贷可持续发展的基础和内涵。

2.2　小额信贷供给可持续发展界定

小额信贷供给可持续发展是指小额信贷机构可持续发展。供给和需求对应，供给由机构提供。小额信贷供给可持续就是小额信贷机构可持续。不过在不同地方为了不同的需要而有不同的称谓，实质一致。以下称谓均是如此。

早期的小额信贷机构（供给）资金来源于社会捐助和政府资金，以此来实现社会扶贫目标。受到资金规模的约束，大多数机构实现扶贫目标的程度非常有限。规模小、成本高甚至导致小额信贷机构难以为继，纷纷倒闭（张润林，2009）。Gonzalez-Vega（1994）研究了 20 世纪六七十年代几家欠发达国家的农村小额信贷机构，发现"缺乏机构生存性"（Lack of Institutional Viability）是其倒闭主要原因，并得出以下两个结论：（1）成功为穷人提供融资服务的关键是机构可持续。（2）机构可持续的必然要求是机构自给自足。小额信贷机构可持续发展问题便提上日程。

国际观点认为小额信贷机构可持续主要侧重财务和组织的可持续。财务可持续是指机构的持续收入可以覆盖成本，不依赖外界的支援，可以分为操作可持续和经济可持续（金融可持续）两个层面。组织可持续是指机构可以独立完成招聘、培训和使用工作人员的工作，不需要外界支持。财务可持续和组织可持续是协调统一的整体，财务可持续是组织可持续的基本前提，组织可持续为财务可持续提供良好的运行空间（Jonathan Morduch，1997）。

国内学者郭田勇（2011）总结了小额信贷机构可持续应该关注的三个方面：先是财务可持续，其次是组织可持续，最后是管理可持续。根据国际小额信贷发展趋势及中国小额信贷发展进程，本书认为小额信贷机构可持续发展应主要包括以下四个方面：（1）资金来源可持续发展。（2）制度可持续发展。（3）贷款实施可持续发展。（4）财务可持续发展。由于对制度可持续的界定范畴在不断扩大，而且制度的影响力也随着小额信贷实践的发展不断扩大，组织可持续的诸多内容可归入广义的制度可持续之中。这四个环节互相联系，共同构成小额信贷机构可持续发展的内容。其中资金来源可持续是关键一环，因为小额信贷机构是提供资金的机构，它们的产品就是资金，它们的服务是资金服务。一个机构若要被社会认可和接受，其产品必须可持续提供，才能够满足需求者的需求，完成社会使命。资金来源可持续是机构永久存续的基础，是机构可持续发展的法宝。制度可持续发展是小额信贷机构可持续发展的保障，是其业务发展和财务健康的保证。小额信贷业务的可持续，要有健全且高效的组织机构主持，依据一定的规章制度来实施。实现组织健全与有效运行，即实现制度化运作才能够给小额信贷机构安全稳定的发展环境。无法保证制度的可持续，小额信贷机构的发展就会受到不同程度的阻碍。财务可持续是小额信贷机构可持续发展的核心。只有实现财务可持续，小额信贷机构才可以自给自足，持续为客户提供小额信贷服务。财务可持续是维系小额信贷机构生死存亡的核心环节。

2.2.1 小额信贷机构资金来源可持续

汪三贵（2000）指出中国小额信贷发展的障碍之一是资金来源问题。小额信贷机构资金来源分为外来资金和内部资金。外来资金指小额信贷机构接受的外界捐赠、政府拨款、企业投资、其他银行借款等资金。内部资金指小额信贷机构发起时原有资金以及利用此类资金运作所产生的再生资金。

外来资金渠道有以下几种：第一种是接受外界无偿捐赠，例如一些NGO组织接受社会慈善机构或者企业的无偿捐赠，无须偿还，按照捐赠者的意愿使用资金。第二种是接受一些投资机构或者国际机构的低息或者无偿贷款，这些资金需要偿还，期限一般都较长，需要提供资金的使用方案给资金提供者。第三种是正规大银行提供的批发资金，对象为效益良好的小额信贷机构。一般为国有银行或国有政策性银行，需支付一定利息，也有一定的期限。2006年国家开发银行提供1亿元贷款给中国扶贫基金会专项支持其实施小额信贷扶贫项目，开小额信贷机构利用国家政策银行资金开展业务之先河。后来一些大型商业银行也开始向小额信贷机构提供授信资金。2009年建设银行内蒙古分行、国家开发银行内蒙古分行、新时代信托投资股份有限公司等10家金融机构提供给内蒙古一些小额贷款公司110亿元授信资金。2010年农业银行与四家扶贫小额信贷机构签订协议为其提

供一定额度的批发资金。第四种是由政府出面组织的，由财政部或中国人民银行直接给具有小额信贷业务的金融机构提供的贴息贷款。这种资金有严格的用途限制，提供给特定的金融机构，用于扶持农户发展。

内部资金一般是小额信贷机构成立时就拥有的资金。内部自有资金来源包括：一是发起人或者机构的发起资金，这些资金归小额信贷机构所有，用于小额信贷机构开展业务。例如中国社会科学院管理的机构资金互助社和中国扶贫基金会资助的几个小额信贷机构即是此种类型。二是政府提供的资金，例如政府扶贫机构提供的资金，小额信贷机构作为自有资金，无须归还。三是机构所有人自有的注册资金，如小额信贷公司发起人入股投入资金。四是机构自有资金，吸收存款、发放贷款获得利润的累计资金和会员储蓄。债券和股权融资也可以适当加入，但是国内极少案例，如小额贷款公司。

根据中国人民银行（2006）小额信贷专题组对小额信贷机构资金来源的分析，不同性质的机构，资金来源存在差异。农村信用社资金来源比较固定，包括吸收存款，利用中国人民银行再贷款，或吸收农户入股股金。非政府小额信贷机构的资金来源主要有以下三类：（1）自有资金。（2）接受的捐赠资金。（3）金融机构的批发资金。中国社科院吴国宝（2001）分析认为，小额信贷机构的资金来源主要有以下途径：（1）自有资本。（2）国际捐赠资金与软贷款（Soft Loans）。（3）财政资金和中央银行贷款。（4）商业银行或者开发性金融机构作为批发机构提供的转贷资金。（5）存款，包括公共存款和会员储蓄。

NGO 等非政府小额信贷机构的资金来源途径除了成立时的注册资金、国内外援助、捐赠、合作性投资和捐赠操作性费用等途径外，还包括当地政府投入、各项服务收入、借入资金、借入企业或者机构的低息甚至无息资金等，也有的包括强制储蓄资金，但并不普遍，金额较小。政府性质的小额信贷机构资金来源相对稳定，最主要部分来自政府，盈亏由政府承担。主要包括政府的财政扶贫资金、作为配套资金的上级拨款，也有存款，但一般额度较小，属于强制储蓄。具有金融机构性质的小额信贷机构主要分为可以吸收资金机构和不可吸收资金机构两种。除注册资金外，这类机构还有其他的资金途径，如吸收存款，也可以接受来自央行的再贷款或者财政资金（扶贫贴息专项贷款、国家助学贷款和下岗失业人员小额担保贷款中的贴息部分）。这些资金足以支持小额信贷业务，但由于利益的驱动，机构对小额信贷业务的成本过于担心，影响小额信贷业务的开展与深入。小额贷款公司不能吸收存款，虽然有国家开发银行等提供批发资金，但并不能满足业务需求。金融机构性质的小额信贷机构接受国际国内慈善捐赠不多，政府的支持多体现在偶尔的坏账核销，并无拨款。

资金可持续发展分为外来资金可持续和内部资金可持续。外来资金中无偿捐赠资金可持续性较弱，一般不存在永久持续对某个机构的捐赠，即使有也不利于机构的独立和发展壮大。来自国际或国内机构的低息或无息贷款并不持久，存在还贷风险与压力。此类资金虽有再次获得的可能，但机会不会轻易获得。正规大银行或者政策性银行的批发资金仅针对某个机构，并不是普遍存在的现象，获取有一定难度。这些资金对小额信贷机构而言虽有争取可持续供给的可能，但多认为其可持续性是很弱的。小额信贷机构单一依赖外部资金来源通常是不可持续的和无效率的（Rhyne，1998，转引自 Abdul Qayyum and Munir Ahmad，2006），小额信贷实践急需拓展出新的资金通道。2011 年商务部国际经济交流中心扶贫处处长白澄宇号召建立公益性小额信贷投资基金，为小额信贷机构提供一条可持续的资金渠道。另一条外来资金通道是政府，如政府的贴息贷款和扶贫款等，但这种资金均有特定的目标和使用范围，并不是任何一个机构都可以享受，并非长久存在。另外还有存款和会员储蓄，具有一定的可持续性。但目前情况下，只有银行和农村信用社可以吸收存款，资金互助社、村镇银行可以吸收会员储蓄。非政府小额信贷机构的强制储蓄非常少，而其他的机构没有此项资金。内部资金中发起人的发起资金和机构注册时的注册资金一般变化不多，政府投入资金一般在政府性质的小额信贷机构中出现，主要目的在于扶贫。少数贷款公司或者小额贷款公司可以吸收特定的股权或者债券融资，但仅针对个别机构执行和特定群体认购，没有普及推广。以上这几种资金就自身可供给性而言，可持续性是较低的。

总体而言，小额信贷机构资金来源的可持续是一个有机整体，只要整体保持可持续，那么就有了机构发展与壮大的空间。所以可以这样理解小额信贷资金来源的可持续：资金来源渠道的稳定性和可替换性，资金增值的持久性与多样性。资金来源渠道的稳定性指小额信贷机构的资金来源渠道要稳固，以保证小额信贷机构源源不断地资金需求。资金来源渠道的可

替换性指小额信贷机构资金来源渠道要具有替补的对象和效用，一旦某个渠道受阻，其他渠道可以保持畅通，即资金来源渠道要多样化。资金增值的持久性及多样性指小额信贷机构在运营时要长久保持资金盈利增值，增值渠道多样性。内部资金来源可持续的一条有效的途径是自我盈利，使资金产生利润，而且利润可以支持小额信贷机构生存。

资金来源可持续的衡量是指当小额信贷机构急需资金时外部资金来源和内部资金来源满足需求的可能性与畅通性。不能因为缺乏资金而出现资金周转、无款可贷或者歇业问题。王曙光（2006）认为我国小额信贷资金来源应该多元化。国外小额信贷机构资金来源的重要途径之一是外来资金。Sanjay Sinha（2007）研究认为印度小额信贷机构高增长率促使印度商业银行对其批发大量资金，两者利益共享。这是外来资金来源可持续的体现之一。

一般认为，小额信贷机构要有一条稳定的资金来源渠道，或者多条交替起作用的资金来源途径，防止机构出现资金来源问题。吸收储蓄是稳定的资金来源之一，但多数不能吸收存款。从正规金融机构获得批发资金也是重要途径。还可以吸收股东投资股金，但我国股市风险较大，这一措施会给小额信贷机构带来代理危机。扶贫资金与中国人民银行再贷款资金来自政府，依赖政府政策，可持续性有待确定。国际捐赠和软贷款资金要看资金提供者的关注点和投向，可持续性不确定。

2.2.2 小额信贷机构制度可持续发展

柯武刚和史漫飞（2008）认为，制度是人类相互交往的规则，由人制定。它抑制着人际交往中存在的任意行为和机会主义行为。制度为一个共同体所有，并总是依靠某种惩罚而得以贯彻。诺斯把制度定义为"博弈规则"。他把博弈规则分为正规规则（宪法、产权制度和合同）和非正式规则（规范和习俗）。本书所探讨的"制度"指对小额信贷机构存在本身而言，保障其有效运行与目标实现的各种机制与规章，主要包括完备的规章制度与操作流程，又可进一步分为以下主要方面：机构章程、机构组织、机构运行、机构业务及流程、财务制度、会员制度、人事制度以及其他一些相关制度。

组织是一群人为了实现某个共同目标而结合起来协调行动的集合体

（周三多和陈传明，2006）。组织是对人员的一种精心安排，以实现某些特定的目的。组织有三种共同的特征：明确的目的、人员和精心的结构。这些概念都强调人员和结构。说明组织中人和架构是其核心。人是主导，架构是人赖以活动的环境。组织可持续就是员工可持续和结构可持续。小额信贷机构具有稳定的员工和组织部门，长期为客户提供服务。组织可持续发展指的是小额信贷的供给主体长期存续，并能够为顾客提供所需服务。

　　本书将组织持续的相关讨论合并入制度可持续之中。一是因为制度研究的范围及作用力不断扩大，二是因为组织归属于广义的制度。制度要与机构性质一致，组织形式决定着制度的特点，而制度是组织良好运行的保障。小额信贷机构涉及的制度应该有外部的法律、监管制度、小额信贷机构信誉与评级制度以及内部现代企业制度、风险控制制度和贷款担保制度（王曙光，2006）。这里的制度指小额信贷机构的规章规定、核心技术、操作流程。制度是组织架构中的制度。

　　小额信贷机构制度具体是指小额信贷机构的产权归属、治理模式、组织架构、人员配置、管理方式、风险控制、财务安排等方面的规章规定。主要包括三个方面：产权制度、组织制度和管理制度。一是产权制度。产权制度确定机构的性质、产权归属、治理模式、机构的真正主人。这里最主要的是产权界定和治理模式，它直接影响小额信贷机构的存在方式。小额信贷机构的所有权缺失问题、资金产权的不明晰、治理结构的相对落后已经成为小额信贷机构可持续发展的瓶颈（王传言和王红义，2008）。所以建立与小额信贷经营特性相适应的治理机制是保证其可持续发展的要求。二是组织制度。组织制度确定机构框架，决定部门设置、人员安排、工作分配，职责内容。小额信贷机构组织形式不同，其经营绩效也不同。Albert Park 和 Changqing Ren（2001）通过调查分析小额信贷机构的覆盖率、可持续性及项目影响，发现非政府小额信贷机构（NGO）的运行效率较好，政府机构项目绩效较差，混合项目绩效介于二者之间。这也说明组织形式对小额信贷机构的发展至关重要，不同的组织形式影响机构的可持续发展。印尼人民银行的成功，也在于其良好的组织结构和体制。稳定、有效、职责分明的组织机构及有关项目发展的一些配套措施，可以保证机构自身在各方面的生存和发展。三是管理制度。管理制度包括日常管理、财务安排、业务处理、激励约束、风险控制等内容。哈维茨（Hurwiez）认为，通过制度安排达到激励相容使理性人追求自身利益的行为恰好和经济主体价值最大化目标相一致。这一激励相容的制度可以有效解决经济主体之间的矛盾冲突，使人的行为方式及其结果更符合利益最大化目标（魏建国和李春美，2008）。小额信贷机构的制度安排是否有效，除了要看正式约束与非正式约束是否完善，还要看制度的实施机制是否完善。检验制度实施机制是否完善或者是否具有强制性，要看违约成本的高低。小额信贷机构对借款人的约束机制尚不完善，致使出现了"扶富不扶贫"的现象（魏建国和李春美，2008）。因此，激励与约束在小额信贷机构制度中占据着重要位置。机构自身的部门设置、规章制度的具体内容及与实践的结合是小额信贷机构可持续的主体内容，内容是否合理、是否符合小额信贷事业需求直接影响着其运行效果。因此，小额信贷机构制度的可持续直接受到制度内容的影响。

本书认为，小额信贷机构制度可持续发展是指小额信贷机构的制度具有完备性，构成一个体系存在，同时核心内容不可或缺；不同时期的制度前后连贯，同一时期的制度内外协调、激励与约束构建完备并协同发挥作用。制度本身可持续发展，具有规范性和可操作性。制度内容保障小额信贷机构可持续发展。小额信贷机构制定的制度要具体、灵活，具有可执行性。首先，制度的制定要有依据，制度不能空、不能泛，工作人员可以实际操作。其次，制度的制定要符合机构实际情况，不能生硬照搬其他机构的制度。制度内容围绕机构可持续发展展开。既然核心内容是可持续发展，那么小额信贷机构就不能只重视短期经济利益，忽视机构长远发展。

小额信贷机构制度的可持续针对的是机构自身存在，而制度又是小额信贷机构可持续发展其他构成部分的基础，其他构成部分就构成了制度可持续的结果与体现，同时，正是由于其他构成部分体现了制度，因此资金来源可持续、信贷实施可持续、财务可持续在体现着制度的同时，也影响着既有机构内部部门、职位构成及各类具体制度及其内容的变动趋势。机构可持续性良好，就表明其制度是可行的、有效的，制度的可持续性也就有了保障，在这一前提下得以继续完善与发展。反之，机构可持续性存在着问题，那么制度也就存在着相应的挑战。因此，小额信贷机构制度的可持续是个系统工程，对小额信贷机构本身更是如此。制度建设是小额信贷事业发展中的重要一环，绝不能忽略。

2.2.3　小额信贷机构贷款实施可持续发展

小额信贷机构贷款实施可持续发展实际上是小额信贷制度的实施机制可持续发展。小额信贷制度实施机制可持续发展就是在执行小额信贷制度时抬高违约成本，使小额信贷机构的资金规范流出和合理流回，即资金流转的通畅性与有效性。贷款实施可持续就是资金从机构到客户、再从客户处带着利息返回机构的过程，且这个过程不断重复，从而服务更多的需求者。其中贷款的发放与回收效率是一个重点。发放时覆盖目标客户是关键，回流时回收率是关键。

贷款从发放开始，就要建立完备的资料和手续，执行贷前调查、贷时审查、贷后检查的"三查"程序。首先，小额信贷机构确定合适的目标客户，严格按照规定给目标客户提供贷款。对小额信贷客户认真调查，考核其财务能力和人品状况，才确定是否把这个人列为目标客户。刘西川等（2007）通过研究发现，非政府小额信贷机构的目标客户从低收入户、中等偏下收入户上移到中等收入户和高收入户。此现象出现的原因之一是小额信贷机构在生存与发展压力下，信贷人员对信贷实施的变通。其中虽有机构工作人员失职的原因，也可能有客户弄虚作假的原因，但这种目标客户上移现象反映小额信贷实施过程中的诸多问题。贷款实施没有覆盖到目标客户，反而"垒大户"，这样就加大了机构风险，一定程度上削弱了机构可持续发展能力。失去目标客户，机构失去生存的意义，可持续发展无从谈起。其次，贷款时要仔细审核借款人条件，对不符合要求的借款人直接拒绝，防止风险发生。同时，对借款人偿债能力的识别、确认与控制也是一项贷款实施过程中的重要工作。印度小额信贷危机的一个原因即是客户过度负债问题，最终客户出现自杀事件从而导致小额信贷危机爆发（CGAP，2011）。所以要充分考虑客户的债务承受能力，在审查借款人资格时，重点考察已有负债的申请者具体情况，或直接排除在外，以免负债者债务过多而无力还款。最后，贷款发放以后，工作人员还要经常联系客户，关注客户经营状况，力争贷款按时归还。有贷款有收款，才是完整信贷工作，才可以给小额信贷机构带来收益。贷款实施可持续就是在这三个环节中小额信贷机构的工作人员要牢记工作制度和纪律，按照机构可持续发展的要求来发放贷款、回收贷款。不能够为了一己之私，对不符合条件

的人放贷，使机构遭受损失。

从贷款回收视角而言，诸多因素都与贷款的实施可持续相关联。如贷款实施过程中重视对农户的管理，了解农户经营，重视农户遇到的困难，建立农户经济档案，利用自身优势为农户提供信息、技术和咨询服务；或推行农户贷款证，简化贷款手续，方便农户贷款等，有利于有效推行小额信贷的实施，同时也是有效回收贷款的重要保障（夏荣静，2011）。

2.2.4 小额信贷机构财务可持续发展

科斯（1937，1960）认为交易费用包括度量、界定和保障产权的费用，发现交易对象和交易价格的费用，讨价还价、订立合同的费用，监督契约条款严格履行的费用等。交易费用越低，交易就越容易进行。交易费用过高，会阻碍交易进行。因此，小额信贷机构要实现财务可持续发展，必须使小额信贷的交易费用降低。小额信贷进行过程中的交易费用主要包括三种（魏建国和李春美，2008）：一是签约前的搜寻成本，二是签约中的谈判成本，三是事后的监督与执行成本。李菁和蒋爱群（2006）认为小额信贷机构财务可持续发展主要是财务自立。基于以上的观点，首先，本书认为财务可持续首先应该收入大于成本。这是小额信贷机构存在的前提。如果收入小于成本，处于亏损状态，机构必不持久。这就要求小额信贷机构控制成本，无论是搜寻成本、谈判成本还是监督与执行成本。还要求小额信贷机构扩大受益来源。这就要求其增加业务量，培养和发现潜在客户；提高贷款利率，扩大利息收入。对闲置资金合理利用，获得新增值。其次，财务可持续还要求有应急准备金。在小额信贷机构遇到突发事件时，可以用来冲减损失，给小额信贷机构的持续存在增加砝码。再次，小额信贷机构离开扶持、捐赠和补助后，要能够独立生存、发展。小额信贷机构离开"拐杖"后，能不能够用自己的双腿走路是关键。小额信贷机构使用国际通用的可持续性盈亏平衡利率，有利于小额信贷机构自身独立发展。最后，有关财务操作和制度的规定也应该以可持续发展为核心，使小额信贷机构的收入要覆盖所有的成本。也这是国际上通行的小额信贷机构财务规定。本书对财务可持续的界定更倾向于一种宏观与微观、理论与实践相结合的理念。即财务可持续既针对小额信贷机构本身的生存发展，也针对机构中每位员工的收入预期；既注重理论探索引导财务成长与发展，也注重在实践中组合营销方式、规避风险。因此财务可持续是与机构多个构成紧密相关的，对财务可持续的研究必然与机构整体可持续研究结合起来。

以上是本书对小额信贷供给可持续发展的阐述。小额信贷供给（机构）可持续发展包括小额信贷机构资金来源可持续发展、制度可持续发展、贷款实施可持续发展和财务可持续发展四个方面。小额信贷供给为什么必须要实现可持续发展呢？小额信贷供给可持续发展有什么重要意义呢？

小额信贷机构可持续发展是小额信贷业务可持续的基础。我国最初的小额信贷一般以项目形式存在，由国际双边或多边机构和非政府组织出资，实施单位由这些机构或组织与当地某一机构共同组建。各机构或组织因为项目连在一起，项目结束后，该实施单位（或办公室）不复存在或功能转移。而多数情况下，小额信贷只是总体项目的一部分而非全部，总体项目一般还会包括其他社会、生态环境等方面的要求。中国 20 多年实施了很多此类项目，但独立完整的小额信贷项目存续下来的很少。总体而言，这类小额信贷完全依靠外部资金，人员不稳定，操作费用较高，管理专业化水平较低，造成了此类项目型小额信贷可持续发展能力低下，项目结束后很难继续维持（吴国宝，2011）。随着实践发展，这类小额信贷逐渐发生转变：一是转变为非政府小额信贷机构；二是将金融业务和非金融业务分开，将金融业务纳入主流金融范围（吴国宝，2011）。这一历程表明，小额信贷需要专门的机构承担，这样才能够保证小额信贷业务的长久存续，可持续发展。因此，王曙光（2006）认为我国小额信贷组织应该实现商业上的可持续性，才可以解决小额信贷面临的挑战。

小额信贷机构是专门提供小额信贷给目标客户的组织，小额信贷是其主要业务。保证组织存在，小额信贷业务才有继续可能。为了覆盖率和目标客户，忽视机构可持续性的做法已经给国际小额信贷行业带来了深刻的经验教训。大量的小额信贷机构倒闭，小额信贷业务中断，目标客户也受到影响。小额信贷机构是小额信贷的支撑，机构可持续发展，小额信贷业务可持续发展才有可能。小额信贷机构实现可持续发展的必要性主要体现在以下三大方面：

（1）小额信贷机构可持续发展是小额信贷机构与小额信贷事业生存发展的必由之路。小额信贷机构的生存离不开财务自立。财务达到自给自

足，才可以不依赖外界捐助，机构才可以独立存续下去，为目标客户提供小额信贷业务。实践证明，财务出现危机的小额信贷机构难以维持长久存在，从而纷纷倒闭。小额信贷机构可持续发展必须要求财务可持续发展。组织可持续为小额信贷业务发生提供可能性，同时也保证了小额信贷机构可持续发展。小额信贷机构可持续发展必然需要组织可持续发展。小额信贷机构为客户提供信贷资金，机构自身也要有充足的资金。只有有了资金保障，才可以为更多的客户提供小额信贷服务，实现更大的社会价值和自身价值。资金来源可持续发展是小额信贷机构可持续发展的必然要求，也是小额信贷机构可持续发展的良性目标。机构的存在要有良好的制度作规范保障。小额信贷机构发展过程中会出现一些问题，而如何解决问题，防止风险，这就要靠制度来保证。小额信贷机构有稳健、连贯、可操作性的制度，才能够走向可持续发展之路。制度可持续发展是小额信贷机构可持续发展的内在要求。小额信贷机构主要是小额信贷业务，信贷业务主要是贷款实施。贷款实施过程规范、科学、合理可以使资金高效利用，高速运作，给小额信贷机构和贷款客户带来预期收益。贷款实施可持续发展也是小额信贷机构可持续的一个方面，促使小额信贷机构走可持续发展之路。

（2）小额信贷机构可持续发展有其社会必要性。开展小额信贷业务是解决我国目前"三农"问题的重要举措，只有小额信贷机构实现可持续发展，这一举措才可以发挥作用。长期以来，农业对工业的支持导致行业自身发展受到影响，资金也因为趋利性流向工业部门，致使农业部门发展落后。农村也因此成为城市的资金"储蓄池"和"提款机"。农业缺少投资资金，农村缺乏建设资金，农民缺少信贷资金。"三农"问题中的制约问题是资金问题。要解决"三农"问题，资金问题是个突破口。小额信贷的出现，给"三农"问题提供了一个新的解决方案。小额信贷定位于贫苦地区的贫困群体，利用小额度、无抵押贷款来帮助处于下层的人们脱离困境，成为扶贫和地区发展的一条新路。小额信贷机构承载了小额信贷业务的发放、回收工作。有了小额信贷机构，小额信贷业务从一个有期限的项目变成了无期限的项目。小额信贷机构的出现使"三农"问题中的贷款难问题发生较大的变化，以小组联保或者信用贷款形式解决农户难贷款问题。小额信贷机构的可持续发展成为长期为农户提供信贷服务的基本保障，使农户脱贫致富或者发家致富。小额信贷业务服务低收入群体，而低收入群体多集中于农业和农村，大部分是农民（当然也有城市下岗职工，本书只针对农村地区）。从服务"三农"、反哺农业、关注农村建设的角度而言，小额信贷机构的可持续发展有其社会必要性。

（3）对有小额信贷需求的农户而言有其必要性。金融抑制一直是发展中国家的硬伤，解决金融抑制的一个方法就是小额信贷，这在全球范围得到了验证。小额信贷事业在贫困地区对农户的扶持作用是功不可没的。农户的生存与发展会产生大量小额信贷需求，但资金的嫌贫爱富导致此类需求满足程度较低。高额的抵押和申请贷款的操作成本让众多有需求的农户望而却步。尤努斯提出，信贷也是人的一种权利，穷人也有信贷权。要给底层人应有的信贷权，小额信贷开拓了这一空间。小额信贷机构承担向有需求的底层人士贷款的工作，与千千万万的农户打交道。农户的信贷需求也要求小额信贷机构实现可持续发展，实现资金供给的可持续，哪里有需求哪里就有供给。因此小额信贷机构可持续发展是农户高涨的信贷需求长久推动的结果。

小额信贷供给可持续发展的意义主要包括对机构自身的意义、对农户的意义、对农村金融市场的意义和对社会的意义四大方面。

（1）对机构自身的意义。从经营的角度看，小额信贷机构可持续发展即是按照市场规律开展经营活动，提供产品或者服务，获取利润，实现机构的生存与壮大。小额信贷机构的盈亏平衡是其最基本的要求，这样才可以保证持续提供面向特定人群的金融产品和服务。如果做不到这一点，机构无法发展，更无法壮大，其他以营利为目的的机构也不愿从事小额信贷业务。所以小额信贷机构可持续发展即要从内部促使机构重视投入与产出，成本与收益，重视管理，提高效率。机构重视投入产出，必定合理支配机构的资金、人力和物力资源，使这些资源有效利用。这些对机构而言都具有重要的意义。

（2）对农户的意义。小额信贷机构可持续发展可以激发农户潜能，提高自我意识，参与市场流通，从而走上致富道路。小额信贷机构可持续发展要重视经营成果，按照市场来制定合理利率，这样可以激发农户的潜能，在农户承担范围内提高他们的市场意识和资金高效利用意识，克服依赖心理，依靠自己的力量承担资金成本，不再依靠国家救助和政府补贴，自己做生活的主人。同时，小额信贷机构可持续发展及时提供小额信贷给

有需求的农户，可以间接增加农户收入，改善农户生活水平。

（3）对农村金融市场的意义。商业银行由于盈利性的压力，逐渐撤离农村金融市场。政策性金融机构由于目标范围的制约而难以顾及方方面面。合作金融的农村信用社由于自身包袱、历史遗留及改革目标等问题难以独家承担农村信贷重任。农村金融市场一方面是农村信用社一家独大，另一方面是民间借贷盛行。农村信用社一家独大，不利于农村金融市场的正常竞争。而民间借贷则处于法律边缘地带，存在问题较多。小额信贷机构的出现弥补了农村信用社独家垄断农村信贷市场的局面，也弥补了民间借贷的不足。农村金融市场丰富完善之路由此开启。小额信贷机构瞄准目标客户，在中低层客户层和民间借贷展开竞争，刺激利率的变动。在小额信贷的压力下，农村信用社改进经营管理，正视来自小额信贷机构的竞争。这些农村金融机构在各自的目标领域开展业务，丰富完善农村金融市场。农村金融市场主要是供给不足问题，需求远远大于供给。小额信贷机构可持续发展，长期满足客户需求，增加了农村金融市场信贷供给主体，从而推动农村金融市场的完善。

（4）对社会的意义。小额信贷的一个重要的作用是扶贫。扶贫是项长期工程，只有实现小额信贷机构的可持续发展，才可以实现长期扶贫工程作用。小额信贷是一种可以帮助穷人和低收入群体自食其力的摆脱贫困的有效方式，扶贫工作也因为小额信贷机构的介入而由输血式扶贫变为造血式扶贫，从本质上改变扶贫不到位或者"久扶仍贫"的现象，改善贫困者"等、要、靠"的依赖思想和投机心理。小额信贷机构可持续发展可以通过小额信贷业务向广大农户传播资金价值，使农户逐渐认同价值理念，提升市场意识，在市场流通中获得价值的增值理念。有些小额信贷机构针对妇女发放贷款，提高妇女的社会地位和参与意识，有利于提高妇女在家庭中的地位，改善妇女受歧视、被忽略的现象。

小额信贷供给可持续发展对自身和客户及社会有积极作用，这也是其存在的价值。除了重视小额信贷可持续发展，小额信贷需求可持续发展也不容轻视。

2.3 小额信贷需求可持续发展界定

小额信贷需求可持续发展是指小额信贷需求者对小额信贷业务的长久

需求、持续需要。具体而言，主要指小额信贷需求者对小额信贷有需求、能够申请小额信贷、按时归还小额信贷，使小额信贷这个业务流程从放款到收款能够顺利完成。农村小额信贷需求可持续发展需要有稳定的客户来源，包括原有客户和新加入客户。主要包括三方面内容：需求者持续申请小额信贷，需求者规范使用小额信贷，需求者按时归还小额信贷。这主要是小额信贷需求者需求的满足与实现，也促成了小额信贷的完成。第一，需求者持续申请小额信贷是指小额信贷需求者源源不断地申请小额信贷，让小额信贷机构有足够的客户。这里不仅指原有客户的重新申请，也有新客户的加入。要重视需求者的有效需求，根据有效需求提供合适的产品来满足客户。第二，需求者规范使用小额信贷资金是指需求者按照合同规定使用小额信贷资金，不随意更改资金用途。如实向小额信贷机构工作人员汇报资金使用情况和其他负债情况，不隐瞒自身的经营信息。需求者要严肃对待信贷行为，防止自身过度负债。第三，需求者按时归还小额信贷资金是指信贷期满，需求者按时向小额信贷机构归还信贷资金。需求者不拖欠、逃废信贷资金是好事，但是需求者也是理性人，理性人往往会为了私利作出不利于小额信贷机构的行为选择。这里存在道德风险问题，小额信贷机构要足够重视。以上三点对需求者的要求是合同规定和机构要求的。但是具体的执行，要看需求者的行动。这里离不开小额信贷机构工作人员的管理和监督，所以小额信贷机构也需要重视并配合这一工作。这样才可以达到小额信贷需求可持续发展。

2.3.1　需求者持续申请小额信贷

需求者持续申请小额信贷主要包含两方面内容：一是原有目标客户群体对小额信贷的继续需求，二是新目标客户的不断加入。从机构自身而言，前者是对原有客户的维持，后者是对新客户的开辟。二者是有机统一的过程，不可分割。只拥有原客户，而不开辟新客户，或者只去开辟新客户，而不维持原有客户，这两种做法都不能保证需求者可持续使用小额信贷资金。实际上，只有维持了原有的全部或大部分客户，才能够去开辟新的客户源；同样，只有能够开辟新的客户源才能够扩大小额信贷事业的影响，开辟新的客户源也代表小额信贷实施的一种可持续。

同时，必须考虑到需求者持续申请小额信贷的最主要前提，即信贷对

需求者而言的产出。只有产出效益能够支撑需求方使用小额信贷，其持续申请小额信贷的两类主要内容才可能成立。

2.3.2 需求者规范使用小额信贷

规范使用小额信贷资金是农村小额信贷需求可持续的一个重要隐性内容。通常而言，研究者与经营者较少关注需求者对资金的使用对其以后申请小额信贷的可能影响，而多把关注的中心集中于资金用途与是否能够及时归还款项之间的关系。实际上，需求者是否能够规范使用小额信贷资金将主要在两个方面影响其今后选择：一是小额信贷机构对其资金使用的评估影响到其贷款的可能，二是资金使用的收益（主要包括经济收益与应急收益）与其使用（正规或非正规）成本间的博弈影响其继续申请使用的可能。基于此，我们研究需求者规范使用小额信贷的范畴适当放宽，从出贷机构约束、自身经济条件、外部市场等三个主要方面进行讨论。所以出贷机构要根据所处地区的经济环境和需求者自身素质来合理约定小额信贷用途，保证资金顺利回收。

一般而言，非正规使用小额信贷资金，即违反小额信贷发生时的合同约定，从而使资金没有用于双方约定的用途。对农村小额信贷机构而言，资金约定用途主要反映在小组借款申请审批表和小额信贷借贷合同中。

2.3.3 需求者按时归还小额信贷

需求者按时归还贷款即贷款客户按合同约定要求分期归还本息。按时归还贷款是任何小额信贷机构对客户必然且明确的要求。只有实现资金的流动，才能够实现机构可持续与需求者申请的可持续。需求者按时归还贷款说明其对贷款的运用及信用能够获得出贷小额信贷机构的认可，为其以后的信贷提供信用支持。因此，需求者按时还贷也是其贷款可持续的重要前提条件之一。

不能按期归还贷款现象主要包括两大类：一是不能按合同约定要求按时偿还贷款和利息，二是故意拖延偿还贷款。基于按时还贷的重要性，各类农村小额信贷机构均对此有专门管理措施。

小额信贷需求可持续发展包括以上三个方面，那么它究竟有什么作用呢？

印度小额信贷危机警示小额信贷机构，过度负债的农户无力偿还所贷资金可以引发信贷危机，可见小额信贷需求可持续发展是小额信贷机构正常运营的保证。小额信贷需求可持续发展的作用主要有三个。第一，为小额信贷的操作和完成提供需求者，是小额信贷可持续的基础。小额信贷业务有供求双方，供方是小额信贷机构，需方是小额信贷需求者。有需求才有供给，供给是为了满足需求。没有需求，供给毫无意义。小额信贷需求可持续发展可以直接引导小额信贷机构持续提供小额信贷产品，为小额信贷机构的长久生产提供可能。第二，为小额信贷机构提供业务保证，利润来源，客户来源。重视小额信贷需求者可以保证小额信贷机构的客户来源，是小额信贷机构利润的保证。没有客户，小额信贷机构就没有盈利的可能性。小额信贷需求可持续发展，需求者长期需要使用小额信贷，小额信贷机构可以从中获得利润。第三，为小额信贷需求者提供融资机会。小额信贷需求可持续发展也为小额信贷需求者提供更多、更长久的融资机会。小额信贷需求者可以长期从小额信贷机构获得融资便利，满足自身的生产需要。

小额信贷可持续发展包括小额信贷供给（机构）可持续发展和小额信贷需求可持续发展两个方面。小额信贷可持续发展的两个方面都受效率影响。效率直接影响小额信贷是否可能达到可持续发展，而效率也影响着小额信贷可持续发展的各个环节。

2.4　小额信贷可持续发展与效率的关系

效率和小额信贷可持续发展的关系国外已开展了相关研究。Abdul Qayyum 和 Munir Ahmad（2006）运用非参数数据包络分析法、相关分析法和回归分析法将效率和可持续性结合起来研究。他们认为小额信贷机构有效率与可持续不可简单等同，但是效率高可以帮助小额信贷机构达到可持续状态。效率低下无疑会增加成本，减少收益。这不利于小额信贷机构可持续发展。

国外法雷尔（1957）提出机构（这里指一些决策单元，也就是机构、组织的意思，并不是专指实体营利性公司）效率包含两部分：一是技术效率，它反映了机构从一个给定的投入集合中获取最大产出的能力；另一个是配置效率，它反映了机构合理划分投入成分，并合理安排对应价格和生

产技术的能力（刘大成，2009）。这两个效率合起来可以衡量机构的经济效率。在面向投入情况下，机构的经济效率就是衡量其总成本效率（CE）。此时总成本效率（CE）与技术效率（TE）和配置效率（AE）的关系是：CE ＝ TE × AE。在面向产出情况下，机构的经济效率就是衡量其总收益效率（RE）。此时总收益效率与技术效率和配置效率的关系是：RE ＝ TE × AE。我们是在成本最小化和收益最大化角度来讨论配置效率（AE），而不是利润最大化角度（成本最小化和收益最大化是假设的）。

这两种能力的综合可以实现对机构总体经济效率的测量。机构在满足了技术效率和配置效率后，规模不一定是最优的。如果运用规模报酬可变（VRS）的技术，可能由于机构规模小而出现规模报酬递增（IRS）现象，也可能由于规模过大出现规模报酬递减（DRS）现象。此时机构可以通过保持投入组合不变而改变机构的运作规模以改善机构效率。如果机构的生产技术为总体规模报酬不变（CRS）技术，机构则自动成为规模效率（SE）。而规模效率（SE）在面向投入的测量时可以概括为规模报酬不变（CRS）下的技术效率（TE）与规模报酬可变（VRS）下的技术效率（TE）比值：即 $SE = TE_{CRS} / TE_{VRS}$。

在测量规模效率及其对生产率的影响过程中，Balk（2001）把生产率进步因素分解为效率改变、技术改变和规模改变（刘大成，2009）。这便是效率与生产率的关系，也反映出 DEA 模型和 Malmquist 指数（即 Malmquist 全要素生产率）的关系。

效率是机构产出实际值和最优值的比值。机构提高效率的目的是提高生产率，即产出投入比率。以最小的投入获得最大的产出，是机构运作的理想模式。在获得理想模式的过程中，生产率改变受效率改变、技术进步和规模改变等因素影响，这些因素发生变化，也引起生产率发生变化（Balk，2001，转引自刘大成，2009）。

小额信贷可持续发展包括小额信贷供给可持续发展和小额信贷需求可持续发展两个方面。这两个方面都和效率有关系。

2.4.1　小额信贷供给可持续发展与效率

小额信贷供给可持续发展就是小额信贷机构可持续发展，它是小额信贷可持续发展的一个方面。另一个方面是需求可持续发展。这里小额信贷需求可持续发展主要是小额信贷需求者对小额信贷产品的申请、使用和归还。这个过程的持续、长期、长久，除了需求者自身经营和经济环境影响外，小额信贷机构作用也较大。小额信贷机构的产品设计、自我宣传、规范管理、激励约束、风险控制和损失冲抵等操作和规定也会影响需求者的行为。因此小额信贷可持续发展关键还是小额信贷机构可持续发展，小额信贷机构的资金来源、制度、贷款实施和财务可持续发展。小额信贷机构制度、资金来源、贷款实施实际上是投入的组成部分，产出是足够的利润，这个利润要能够维持机构长久持续发展。小额信贷可持续发展实际上就是要小额信贷机构用较小的投入产出较大的效益，这个产出要能够维持机构运作和人员生存，并可以长期为目标客户提供小额信贷业务。小额信贷机构生产率高，有助于机构可持续发展，低收入、高产出，成本下降、收益自然提高，那么小额信贷机构财务可持续则容易达到。同时机构注重技术投入和合适的规模，以技术的改变和规模的改变来影响机构的产出，这样也影响机构的可持续发展。

小额信贷机构有效率就是在给定的条件下，机构对其资源作出最大限度地利用。小额信贷机构有没有效率、效率高低都影响小额信贷机构可持续发展的各个环节。小额信贷机构高效率与资金可供给性（资金来源）的关系：有利于外部资金投入到小额信贷事业之中，也是资金增值能力的体现，对机构可持续发展起着决定作用。小额信贷机构高效率与成本的关系（财务）：高效率可相对降低成本，实现财务有效率和可持续。小额信贷机构高效率与组织、规章制度和机构运行的关系（制度）：高效率体现制度的可操作化及实践有效化，有助于实现制度可持续。小额信贷机构高效率与贷款实施关系：既有利于扩大规模，也有利于经济目标与社会目标的实现，更好地服务于农村发展。反之，小额信贷机构及各组成部分的可持续发展也反映在机构效率之中，只有实现可持续才能真正达到高效率。二者是辩证统一的关系，即机构如何实现自身整体及各方面的可持续性发展体现在机构效率之中，同时，机构效率也从多重视角反映着机构的可持续发展能力。基于此，本书在后面的章节讨论中将逐步采用各类效率分析展示与研究农村小额信贷的可持续性。

2.4.2　小额信贷需求可持续发展与效率

小额信贷机构效率影响着小额信贷需求可持续发展。对客户的高效管

理、有效监督都离不开效率。效率成为小额信贷需求可持续发展的一个重要影响因素。效率贯穿于小额信贷业务始终。从资金的发放、客户的管理到贷款的回收，都离不开效率。效率高，则可顺利完成诸项工作；效率低，则会严重影响这些工作的顺利有效开展。事半功倍或是事倍功半，都决定于有没有效率。小额信贷机构有效率，对客户有效管理，使机构高效运作，这样才有源源不断的利润，才可以长久生存下来，机构才可以可持续发展。

效率和小额信贷可持续发展两方面都有关系，影响小额信贷可持续发展。从效率入手来分析小额信贷可持续发展的影响因素是必然的。效率也是小额信贷可持续发展的一个重要影响因素。本书在后面章节的研究中会侧重对这个影响因素的分析。

2.5　小额信贷供给可持续发展与全要素生产率的关系

小额信贷可持续发展双方中小额信贷供给（机构）可持续发展是关键，只有它存在才可以给客户提供服务，满足客户需求。而小额信贷需求可持续发展也需要机构的制度、组织等因素的约束和监督才可以实现。因此小额信贷机构可持续发展是小额信贷可持续发展的基础。小额信贷机构有效率、生产能力高，达到可持续发展的概率会增大。

生产率测度机构绩效，即产出—投入比，比率越大，绩效越好。生产率的测量可以用于比较机构在给定时间点的绩效。相比之下，生产率改变则是指某一机构或某一行业随时间变化而产生的生产率绩效的改变。一般而言，一个机构的生产率测量与生产率改变的测量存在细微差别。全要素生产率是一种包括生产所有要素的生产率的测度方法。在多产出多投入的情况下，全要素生产率可以定义为总的生产产出与总的使用投入的比率。对于多投入多产出的机构，用全要素生产率来表示生产率的改变（或提高或降低）。全要素生产率测量可以分析解释许多要素在生产中的投入，所以更适于机构纵向和横向的绩效测量和绩效比较。Malmquist 全要素生产率指数是 Caves、Christensen 和 Diewert（CCD）（1982，1982）引入的，用投入距离函数和产出距离函数来定义全要素生产率（刘大成，2009）。这个指数主要衡量从 S 期到 T 期生产率改变情况（即生产能力的变化情况），并分析引起改变的影响因素。了解这些影响因素如综合技术效率改变、技术进步改变、纯技术效率改变和规模效率改变对生产率改变的作用。这里衡量的是一个时点到另一个时点（即一个时期内）的效率改变，是动态效率（Abel 等，1989，转引自史永东和齐鹰飞，2002）。动态效率是一个跨期的效率（例如从一年到另一年的效率），是在较长时间内实现的效率总和。动态效率的衡量可以用 Malmquist 全要素生产率。动态效率对应的是静态效率，静态效率是较短时间内实现的效率，比如一年的效率。静态效率的衡量可以用普通数据包络分析（DEA）。

生产能力的变化可以看出机构的绩效和发展能力。如果跨期的生产能力上升则机构达到可持续发展的可能性变大。因为机构可持续发展就是机构的产出产生的利润可以覆盖投入所费的成本，也就是机构的产出要覆盖、高于投入。这个产出投入比率（即生产率）要大于 1，而且产出投入比率的变化率也要大于 1，实现生产率变化的动态增长。这样，用全要素生产率来衡量机构可持续发展能力变得可行。小额信贷机构也是如此，小额信贷机构可持续发展要求机构产出的利润弥补投入的成本。小额信贷机构全要素生产率可以衡量小额信贷机构的生产能力。而 Malmquist 全要素生产率可以衡量小额信贷机构动态的生产能力，即生产能力的变化情况。如果小额信贷机构 Malmquist 全要素生产率都是增长的，也就是说小额信贷机构的动态生产能力是增长的，则可以说明小额信贷机构达到可持续状态。因此本书利用 Malmquist 全要素生产率来衡量小额信贷机构可持续发展状况。通过小额信贷机构全要素生产率的变化情况了解小额信贷机构可持续发展状态，并分析其全要素生产率变化的影响因素，也就是小额信贷机构可持续发展的影响因素。

在衡量过程中除了得知小额信贷机构的全要素生产率变化情况，也可以测量小额信贷机构的动态效率，观察效率的跨期变化情况。那么小额信贷机构的动态效率变化引起全要素生产率的变化，成为小额信贷机构可持续发展的主要影响因素。

需强调的一点是，本书强调的机构可持续与小额信贷可持续存在着一定差异，本书讨论如何有效地、相对简易地、操作性强地评价农村小额信贷可持续发展状况，在机构可持续基础上，有重点有操作意义地阐释小额信贷实务中的经验与方法，并进行适当的理论升华。基于此，本书将着重研究农村小额信贷机构效率。

2.6　本章小结

本章主要论述了小额信贷可持续发展的两个方面：小额信贷供给可持续发展与小额信贷需求可持续发展。小额信贷供给可持续发展包括四个方面：资金来源可持续发展，制度可持续发展，贷款实施可持续发展和财务可持续发展。小额信贷需求可持续发展包括三个方面：小额信贷需求者持续申请小额信贷，需求者规范使用小额信贷，需求者按时归还小额信贷。小额信贷可持续发展无论是对机构、对客户，还是对社会都有重要作用。因此，小额信贷需要可持续发展。小额信贷是否可以达到可持续发展，受效率影响。而小额信贷机构是否可持续发展需要用全要素生产率衡量。

第三章 中国农村小额信贷供给
可持续发展的影响因素分析

小额信贷机构（即小额信贷的供给方，本书把小额信贷机构可持续发展视同小额信贷供给可持续发展，下同）可持续发展是众望所归，是发展的必由之路。小额信贷机构如何达到可持续发展，什么因素影响小额信贷机构可持续发展是理论界需要研究的问题。本书根据小额信贷机构可持续发展的四项内容分别分析其影响因素，即哪些因素影响小额信贷机构资金来源可持续、小额信贷机构制度可持续、小额信贷机构贷款实施可持续与小额信贷机构财务可持续。

3.1 小额信贷机构资金来源可持续的影响因素

首先，本书对小额信贷机构资金来源可持续的实践操作及现有研究进展分析，在此基础上，对小额信贷机构资金来源可持续进行界定，分析影响其可持续发展的因素。影响因素分析视角选择外部与内部两种，外部包括八个方面，内部包括两个方面。

3.1.1 小额信贷机构资金来源可持续的实践操作

小额信贷机构中正规金融机构可以吸收存款，资金来源相对稳定，资金来源问题相对较小，不作特别说明，这里仅针对其他两类小额信贷机构进行讨论。小额信贷机构的资金来源主要包括捐赠资金、上级拨款、政府扶贫资金、吸收存款（主要指金融机构中兼从事小额信贷业务机构）、借入资金，也包括各种形式的其他来源资金。在非政府小额信贷机构中，捐赠资金成为主要资金来源。如陕西省渭南市蒲城县妇女可持续发展协会以及陕西省咸阳市淳化县妇女发展协会均以外来捐赠资金为主要资金来源。随着经营规模的扩大，借入资金也逐渐增多，一些非政府型小额信贷机构正在积极探索从企业借入资金的模式。以西乡县妇女发展协会为例，其资金来源于 7 个部门，如表 3 - 1 所示。政府型小额信贷机构的资金来源比较

单一，为国家拨的扶贫款。金融机构资金来源方式多样化，多以专项拨付、扶贫资金或相应吸收款项等为主要资金来源，捐赠资金很少甚至没有。

表 3－1　　　　　　　　　西乡县妇女发展协会资金来源　　　　　　　　单位：万元

序号	机构名称	资金	资金性质	合作时间
1	国际计划	164.4	捐赠	2005 年 10 月 27 日
2	陕西省妇女研究会	50	债务	2009 年 1 月 13 日
3	北京宜信公司	25	债权	2009 年 7 月 28 日
4	友诚企业家扶贫基金会	60	无偿	2009 年 11 月 11 日
5	陕西省妇女儿童基金会	30	债务	2010 年 1 月 27 日
6	南都公益基金会	10	捐赠	2010 年 5 月 13 日
7	汉中市妇女联合会	2	无偿	2010 年 4 月 13 日

资料来源：西乡县妇女发展协会网站。

资金来源可持续指的是对原有资金的可持续运营以及对新有资金的可持续获得。一般而言，原有资金的可持续经营是小额信贷机构生存与发展的基本条件之一，也是评价小额信贷机构整体运营状况的重要指标之一。对原有资金的有效运营要通过机构的投入和产出进行测量，学术界多以技术效率为指标进行研究。国外主要以 Malmquist 和 DEA 模型进行研究，目前国内以 DEA 方式开展的相关研究渐多，但 Malmquist 方法运用较少。

曹子娟（2006）认为，从 1999 年至 2002 年间，中国小额信贷规模出现不断扩大趋势，主要以出贷资金规模为标志。在中国社会建设不断深入开展的背景下，随着贫富差距影响的加大，国家对低收入群体摆脱经济贫困与文化贫困问题格外重视，甚至摆在影响国家发展与长治久安的高度加以对待，这一大环境促进了小额信贷机构资金规模的扩大，主要是资金来源的扩大，并形成一定的可持续性。从现状而言，纯粹小额信贷机构新资金来源面临着许多问题，只依靠外来捐赠，尤其是世界公益组织的捐赠已经显得力量不足，所以借款和其他形式的吸纳新资金已经成为一项重要课题。当然，这对金融机构中的小额信贷业务以及政府为法人的小额信贷机构并不构成威胁。但对这些机构而言，原有资金的运营可持续则是一个突出的问题。

3.1.2　小额信贷机构资金来源可持续的要求

总体而言，国外的研究涉及了资金来源可持续的定性及定量研究，国内也有一些相关研究。但专门对小额信贷机构资金来源可持续的研究尚待深入，尤其针对中国小额信贷发展的现实，仍有许多需要探索。随着小额信贷事业的进一步发展，资金可持续的压力与要求越发受到重视。

　　一些研究按资金来源的性质分析资金来源问题，但对其划分尚未达成统一。原因主要在于中国小额信贷机构组成较为复杂，也处于较快的变动之中，在学习和借鉴国外经验的同时结合我国实际，在摸索中前进。曹子娟（2006）在《中国小额信贷发展研究》中按资金来源和实施机构也将其分为四类：官办社团组织、民间小额信贷组织、国际资助社团组织和政府部门及政府社团组织。本书根据这些分类，并结合小额信贷机构主要资金来源构成，划分为三大类：政府拨款为主的小额信贷机构，捐赠为主的小额信贷机构和混合资金形式的小额信贷机构。混合资金形式的小额信贷机构指的是主体资金由两部分及以上资金构成，且所占比重相当。

　　（1）小额信贷机构资金来源可持续的基本要求。A. 原有资金有效运营，包括资金的有效出贷、有效回收、利润可维持机构生存、出贷产出对缓解及解决农户实际问题产生实质效果。B. 新获取资金的有效运营，包括资金来源的可持续性、对新获取资金的有效投入、新投入资金的有效产出。C. 对来源资金的承诺保障的有效实现，即对允诺的资金成本的有效承担与实现。这直接关系到机构的信誉。

　　当然，这一部分涉及资金运营的内容与机构财务的可持续有交叉之处，但并不意味着在此可以省略，因为财务的可持续直接影响到资金来源的可持续。对其中一些内容，我们将在财务可持续部分重点讨论。

　　（2）小额信贷机构资金来源可持续的数量要求。从资金来源的角度开展的研究相对较少。主要原因在于：首先，资金来源和机构规模及运营产出相关联，不同规模的机构、不同产出效率的机构，其资金来源的定量要求是不同的。其次，资金来源的可持续尚没有明确和统一的界定，不同机构有着不同的理解。最后，资金来源的定量要求，与机构的阶段发展目标和总体发展目标紧密相关，目标的不同造成了资金来源可持续要求的不同。国外小额信贷研究者根据实际，倡导吸储，号召小额信贷机构动员储蓄来扩大资金来源。但是我国政府为了防范风险，限制非政府小额信贷机构和政府型小额信贷机构吸收强制性存款，也不允许动员储蓄。只有正规金融机构才可以吸收存款，但是正规金融机构并不把小额信贷业务作为主

要业务。以杨凌农村信用社为例，2009 年各项贷款年末余额约 8.2 亿元，其中农户短期贷款余额 4600 万元，农户长期贷款余额 1.88 亿元，而农户小额信用贷款余额 1.06 亿元。作为服务基层的农村金融组织，农村信用社对小额信贷并不积极，如果除去财政贴息因素，这个数字会更低。国外金融市场利率是市场化模式，对利率管制较少。我国金融监管当局设置了利率上限，小额信贷机构利息收入有限。国外小额信贷机构可以上市融资，从金融市场寻找投资者。但我的小额信贷机构除了个别正规金融机构上市外，其他的不能上市融资。虽然我国证券市场的不断完善有利于市场融资的形成，但就目前而言，小额信贷机构不具备上市融资条件。以上三类国外常用途径，在我国受到限制。

3.1.3　小额信贷机构资金来源可持续的外部影响因素

以资金来源为划分标准，无论何种类型的小额信贷机构，其资金来源都受到外部诸多因素的影响。本书认为，总体而言，外部影响主要来自以下八个方面：

（1）国民经济发展状况。国民经济是指一个现代国家范围内各社会生产部门、流通部门和其他经济部门所构成的经济总体。国民经济发展状况直接关系到国家各类社会事业的资金供给情况，也关系到银行系统的经营模式、机制以及资金运行范围。国民经济的良性发展为更多资金流向偏远农村地区提供了可能，主要表现为国家对农村地区各类社会事业尤其是农村经济建设提供政策倾斜，服务于农村发展的小额信贷事业直接从中受益。另外一个主要表现就是银行系统会更充分发挥其多元功能，为农村小额信贷事业的发展提供一定的资金支持。这里也就是王晓楠和赵江波（2009）所说的商业自由度、贸易自由度、政府规模、投资因素、物价因素等因素的综合体。

（2）国家对农村发展的金融财政政策取向。国家的经济政策，尤其对农村发展的金融政策取向直接关系到各类资金对农村的投入程度。中国长期以来对"三农"问题的重视直接影响到了农村信用社、农村商业银行、邮政储蓄银行等金融机构的发展。农村需要发展，发展中出现的问题主要表现为资金问题，这催生了中国式的小额信贷。自 2005 年以来，国家在政策上扶持"三农"，利用金融工具反哺"三农"。在农村地区开展新型金融机构试点，放低金融领域进入门槛，缓解农村信贷紧张，推广小额信贷。在推进各类型的小额信贷机构产生与发展的同时，这种农村金融发展的政策取向也为各类型的小额信贷机构资金来源提供了一定的社会空间与政治色彩。以2005年为例，金融对农村的供给是4万亿元的贷款余额，到户1万亿元，比财政对"三农"的投入额（3397亿元）多得多（杜晓山，2007）。即便如此，政府投资主导性的影响因素不可忽视。农业银行与农村信用社的贴息小额信贷，正是由于有了政府财政的支持才得以开展。

（3）金融市场发展状况。一个国家的金融市场发展程度会影响小额信贷机构的产生、生存与发展。我国金融市场受中央银行及政府的影响较大，外部管制比较多。这是由目前的国情决定的，也是由经济不发达、金融市场的高风险性决定的。小额信贷机构的成立要得到中国人民银行和政府的审批，其生存发展受到金融监管部门的监管，业务也要符合金融管理相关政策，所以外部的金融自由度不可避免地影响小额信贷机构的发展。这里，金融自由度被包含在金融市场发展状况中。

（4）国家的利率政策。小额信贷机构提供贷款服务，靠利息获得收益，因而国家的利率政策及中国人民银行的利率管制极大地影响小额信贷机构的利润。国家提高利率以及放开利率限制可以增加小额信贷机构的收入。国际上认同的盈亏平衡利率与基准利率的差距及其与利率上限的差距都会影响小额信贷机构的利润大小和利润构成比例。

（5）小额信贷事业的社会认知及发展氛围。除了在操作手段、实施过程及实施后果方面表现出明显的经济学特色外，小额信贷事业也是一种重要的社会事业，是社会进步与发展、提升物质生活水平、提高人口综合素质的重要组成部分。社会对小额信贷的认知从某种程度而言代表了这个社会的社会文化甚至文明程度。对小额信贷事业及其作用有正确的认知，确定小额信贷事业应有的社会身份与地位，这不但有利于小额信贷机构资金来源可持续发展，也有利于为其综合发展创造有利条件。相反，没有社会大众的认可与支持，失去良好的社会氛围，其发展的可持续性就会受到巨大挑战。

（6）金融机构对小额信贷的态度。对小额信贷机构而言，其营利性与社会扶贫责任一直是困扰其生存与发展的一个难题，如何平衡好二者的关系也是中国小额信贷机构发展的重要命题。这也直接影响着金融机构对各

种类型的小额信贷机构的资金注入。银行强调资金成本与收益。所以一般而言，非政府小额信贷机构中金融机构注入资金所占比重较小。各类金融机构对非政府小额信贷机构生存与发展目标的态度直接影响着金融机构内资金向非政府小额信贷机构的注入程度。随着小额信贷事业的发展，来自正规金融机构的资金在非政府小额信贷机构资金来源中扮演的角色也将越来越重要。

（7）国民的捐赠习惯和方式。在中国，由于风气和国民习惯，捐赠者都喜欢一步到位、直接面对被捐赠人。这样捐赠者和被捐赠者互相有所了解，知道资金去向，也融入人情于其中。由于缺乏有效的监督体系与制度，有些捐赠资金没有明确的使用公示和及时的动向公布，从而引发社会质疑与不满。对小额信贷开展的捐赠在国内不多，慈善性的捐赠多是捐赠给生活急需和突然陷入困境的人，而对扶贫的小额信贷机构则关注较少。国外捐赠者提供的信贷资金与小额信贷机构可持续间存在着正相关性（Jonathan Adongo 和 Christoph Stork，2005），而中国目前的社会氛围，尤其是捐赠习惯问题却难以为小额信贷机构发展提供这样的平台。

（8）储蓄动员。储蓄动员是国外小额信贷机构资金来源的一个重要途径。国际上的倾向是储蓄动员对机构持续性影响较大，有利于提高机构的流动性和资金来源的扩大。但 Jonathan Adongo 和 Christoph Stork（2005）的研究发现，储蓄动员与机构持续性的正向关系较弱，不显著。我国对储蓄动员持谨慎态度，主要是因为信贷机构毕竟是一个高风险的机构，一旦发生危机，产生的危害会影响到农村的稳定和农户的基本生活。而中国的小额信贷机构处于尝试、摸索阶段，还没有较强的抗风险和应付危机的能力，所以我国小额信贷机构还没有放开储蓄动员措施，机构仍不能够吸收储蓄。

以上八类因素对各种类型的小额信贷机构资金来源的可持续均有着一定的影响。除此之外，依据小额信贷机构类型的不同，还有其他一些特定的影响因素。以政府拨款为主的小额信贷机构，除了当地政府对小额信贷的政策导向外，其财政能力也直接影响着该机构资金来源的可持续性。借款为主的小额信贷机构，除了受到小额信贷事业的社会认知程度的影响外，提供借款者（主要为民间借贷）的身份多元程度以及其对收益的要求等方面也影响着资金来源的可持续性。金融机构专有资金为主的小额信贷机构一般指的是兼营小额信贷的各类金融机构，其资金主要来源于金融机构的小额信贷专营项目。除了该金融机构对小额信贷的投入程度、重视程度外，其经营小额信贷的经济目标与社会目标的定位也直接影响着小额信贷专项资金来源问题。以捐赠为主的小额信贷机构除了主要受到社会认知程度影响外，还受到社会慈善事业氛围影响，也受到社会扶贫氛围影响。混合资金式的小额信贷机构受到多方面因素影响，其资金来源的可持续与社会整体小额信贷文化有着千丝万缕的联系。

因为小额信贷机构的性质差异、目标差异以及规模等方面的不同，定量分析这些外在影响因素存在着一定困难。而且即使用量化方法考察这些因素对小额信贷机构资金来源的影响，其实用性也不强，造成结果与现实之间存在着较大差异。这可以从前文中对定量方法的介绍中得到佐证。但适当地运用该方法也会有一定的参考价值。在以后的分析中，本书会有所体现。

对外部资金而言，国民经济发展状况、国家对农村发展的金融财政政策取向、金融市场发展状况、国家的利率政策、小额信贷事业的社会认知及发展氛围和金融机构对小额信贷的态度六个外部影响因素均外显地影响着外部资金向小额信贷机构的注入，即这些因素的存在状况直接影响了外部资金来源的可持续程度。

小额信贷主要针对农村地区。农村私人借贷比较流行，因此，农村地区存在的亲戚朋友间的借贷、高利贷性质的私人借贷对小额信贷均产生重要影响，即如果农村地区私人借贷兴盛则必将影响小额信贷业务的开展。小额信贷业务开展受阻，必然影响其资金运行，尤其原有资金的业务成效、效益成效将受到较大影响。因此，民间的借贷关系成为影响小额信贷机构资金可持续的重要隐性因素。

3.1.4　小额信贷机构资金来源可持续的内部影响因素

影响小额信贷机构资金来源可持续的内部因素指机构自身整体经营状况，具体涉及机构的业务成效和机构的效益成效。机构的业务成效指小额信贷业务覆盖适当的村镇，有与资金规模相适应的客户数量。这里也可以用覆盖率和贷款客户数衡量。程恩江和 Abdullahi D. Ahmed（2008）认为，小额信贷行业通常用覆盖率来表示小额信贷机构服务的人群数量、接受服

务人群的贫困程度以及实现其他社会目标的程度。机构效益成效，指小额信贷机构以小额信贷业务为主的财务收益足够支持本机构有效运行，同时保证小额信贷业务扶贫的社会责任有效实施，即其业务既能为低收入者提供适当资金，也不会给这些客户造成太大的还款压力，从而为低收入者脱贫致富提供资金积累的空间。与机构业务成效与机构效益成效相关联的是机构本身的组织运行，只有机构本身能够有效实施规章制度、有效开展业务才能够进一步考评其业务及效益，因此组织运行是二者的基础。

总体而言，二者的有效性直接关系到资金来源的可持续性，原因就在于外来资金首先要考评机构自身的生存与发展能力，同时，对具有社会公益性的机构还要考评其社会公益目标的可实现性与实现程度。只有机构具备了健全的组织、完善了组织的运行才能让外来资金对机构建立起基本的信任。机构能够有效运用并取得目标效益，不但可以支撑自身发展，还能够对外来资金产生足够的吸引力，这是外来资金可持续的重要力量。同时，机构本身的有效运行实现了资金来源可持续中的"原有资金有效运营"，这在资金来源可持续中发挥着基础性作用。

对内部资金来源的可持续而言，相对应的内部影响因素大部分为显性因素，即小额信贷机构的效益成效全部构成、机构本身的组织运行状况以及机构业务成效中的覆盖率，这些因素直接影响小额信贷机构的运行，并成为运行状况的重要标志。

3.2　小额信贷机构制度[①]可持续的影响因素

茅于轼（2007）认为，政府的介入以及小额信贷机构的所有权问题是小额信贷机构可持续与否的影响因素。国家金融政策、政府支持和金融机构对小额信贷的态度、机构领导人、员工素质和客户需求是本书要分析的影响因素。在分析影响因素之前，先观察小额信贷机构的制度现状。

3.2.1　小额信贷机构制度可持续现状

中国学术界开展了大量关于小额信贷制度模式的研究，该"制度"指的是金融创新的一种目标性差异造成的出发点及运行机制等方面的特征。

---

①　本书中"制度"为广泛含义，即包括制度的组成、运行及基础结构（小额信贷机构组织情况等）。

从国际实践视角看主要存在着福利主义小额信贷制度模式、制度主义小额信贷制度模式两大类。福利主义小额信贷制度出于对公民平等福利权的重视，认为每个公民都应该享受平等一致的福利权利，信贷权利是其中之一。制度主义小额信贷制度模式基于制度主义分析的公平价值观，强调在公正的规则下，通过提供一定的资源，让个体实现其良性发展，从而构筑社会系统的稳定性与社会行为系统的可控性。本书在此所探讨的"制度"与此不同，是对小额信贷机构存在本身而言，保障其有效运行与目标实现的各种机制与规章。

小额信贷机构性质的不同，其内部部门及职位设置稍有差异。如政府拨款为主的小额信贷机构与金融机构专有资金为主的小额信贷机构中会员代表大会与董事会设置及功能运行与各类借款和捐赠为主的非政府小额信贷机构相比会相对弱化，人员配备程度也存在差异。但总体而言，随着小额信贷事业的不断发展，各类型机构的设置逐渐趋于完备，如图 3－1 所

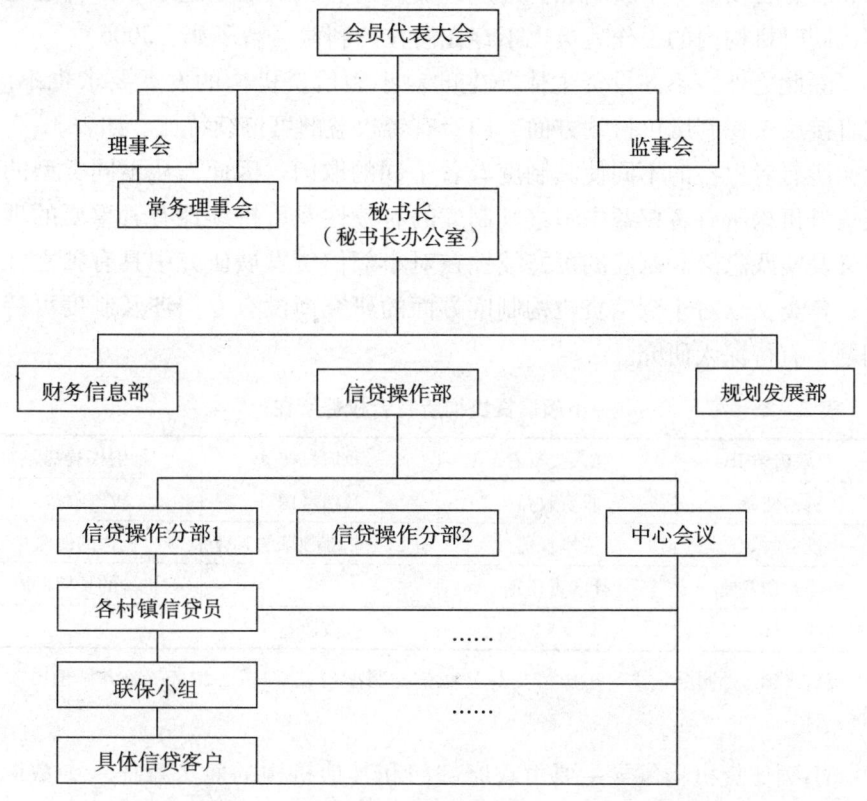

图 3－1　非政府组织型小额信贷机构组织图

示。但部门及职位的设置并不能代表其运行的有效性，所以如何使职能部门有效运行是制度可持续尤其是职能部门功能最大化进而使机构功能最大化必不可少的影响因素。

蒲城县妇女可持续发展协会的理事会由出资方和相关方代表及专家多元化组成，陕西省妇联、国际计划、美国九零学社、县妇联、县妇女协会每方2人，共10人。常务理事会由每方一人组成，共5人，组织模式为每年设轮值执行主席，执行主席由理事会推选担任。一方轮值执行一年。监事由陕西省妇女儿童基金会秘书长担任。

目前中国小额信贷机构多数处于一种过渡状态，妇联下属小额信贷机构、某些研究院研究所下属的小额信贷机构等一般在民政局注册，实质为社会团体，自身是独立法人，非营利性机构，自负盈亏，但其总部（挂靠机构）却无法注册为法人。因此会出现这样一个问题：道德风险随着总资产和所有者权益的不断增加而增加，资产所有权的缺失造成了一种尴尬局面，同时机构内的工作人员也不存在潜在的利益（曹子娟，2006）。

除此之外，不同投资主体产生的对小额信贷机构的发展要求也不同，这直接反映在制度可持续方面，即所有者权益的可持续特征。如表3-2所示，所有者权益的不同使其制度有着不同的取向。因此，从不同类型的小额信贷机构所有者权益中考察其制度的有效性及可持续性有着重要的理论意义及实践意义。制度的可持续性在对小额信贷发展研究中具有独立性特征，各类文献对小额信贷机构制度方面的研究尚没有专门涉及制度可持续问题，有待深入研究。

表3-2　　　　　　　　　　小额信贷机构所有者权益所在

非政府组织	私人投资者	政府机构	特别权益基金
机构使命	投资收益	政治考虑	投资收益
投资收益	资本保值	进入一个新领域的兴趣	机构的使命
机构长期发展	社会责任感		机构的长期发展
机构的信誉与形象		投资收益	

资料来源：孙同全. 扶贫小额信贷与公益信托制度研究［M］. 北京：经济科学出版社，2006：84.

小额信贷机构领导主要由政府部门和其他机构的雇员兼任。少数综合项目涉及从外面聘请社区工作人员，多数主要工作人员都是由项目单位从相应政府部门调配。以蒲城县妇女可持续发展协会和淳化县妇女发展协会为例，这两个机构都有妇联主任担任机构最高领导——秘书长。蒲城的秘书长是退休的妇联主任，而淳化的秘书长是在职的妇联主任，兼任秘书长之职，主要负责人为信贷主任（退休后到该机构工作）。因此，机构领导人的素质也关系到小额信贷机构可持续发展。

吴国宝（2001）研究认为，非政府小额信贷机构的人事管理普遍采取效益工资制，业务完成情况直接与职工的工资收入挂钩，以考核指标和评分标准计算各月每个职工的工作业绩。但这种方法操作性较差，考核的公正性和频率成为关键环节。而且如果考核存在随意现象，那么考核反而产生消极影响。

不同性质的小额信贷机构，其员工性质也不尽相同。如从事小额信贷的农村信用社，其员工一般为银行正式员工，工作较为稳定，待遇相对较好。商洛柞水县农村信用社员工2008年平均工资为2200元/月。而各类妇女发展协会一般设在当地妇联之下，但其业务员工主要由临时招聘人员构成，收入与业务成绩挂钩，有较大风险，工作压力较大。蒲城县妇女可持续发展协会某一位岗位级别为一级的信贷员，已经在协会工作5年。2008年9月30日统计现有客户230户、贷款余额35万元，当月风险贷款率零，按照规定，可获得特等奖，信贷员可获得180元奖金，加上基本工资150元、岗位津贴130元、绩效工资（客户管理92元，日常管理300元），会龄津贴25元，该信贷员9月工资总收入为877元。非政府小额信贷机构的工资远远低于农村信用社的员工工资，这类机构难以吸收到专业人才，也难以留住高素质人才。因此，员工在机构内的稳定性体现了机构的组织、运行及管理方面的特征，而这些特征又关联着机构对原有资金的运营，同时也关联着外部资金对机构的评价。因此，员工稳定状况是一个重要的隐性影响因素，量化指标为员工离职率。

总体而言，小额信贷机构制度可持续发展中关于人事方面的内容，由于机构之间的差异性及特殊性，同时也考虑到问题的共性与普遍性，这在学界已经有了一定共识，因此本书不将其作为重点进行讨论，只在适当地方加以分析。

3.2.2　小额信贷机构制度可持续的要求

小额信贷机构制度涉及其机构内组织部门和职位设置及运行、存在的

整体机制状态（外部的与内部的）、内部规章条款的设置及运行效果等内容。

部门设置的完备性是制度可持续发展的基础，完备性包括会员代表大会、决策机构、监察机构、秘书长、财务机构、操作机构、规划发展机构、分支操作机构等方面。从目前中国小额信贷机构组织情况看，机构组织均达到了一定的完备程度。但多数机构在监查、规划发展方面存在一定缺陷。因此，机构内组织职能部门及职位设置的完备性对机构发展是必不可少的，同时这些部门之间的有效运行则是更为实质的表现。

小额信贷机构的目标与所有者权益不能偏离，也不能发生冲突。不同类型的小额信贷机构所有者权益有所差别，但目标都包括两部分：投资收益和社会价值的实现。投资收益是明显的权益内容，小额信贷机构社会价值的实现是所有者权益中隐性价值的构成。无论何种性质的小额信贷机构，其社会定位与农村和贫困人口有着必然的联系，其社会价值性就体现在对贫困人口的专有功能方面。因此，所有者权益中的社会价值实现不能被投资收益掩盖，二者应恰到好处地体现在小额信贷的深入发展之中。把小额信贷机构的目标与所有者权益的目标相统一，才能保证其制度的持续性与可操作性。

小额信贷机构内，完备的规章制度与操作流程是重要构成。对多数小额信贷机构而言，规章制度以正式文件形式存在的只有章程一类。以陕西省蒲城县妇女可持续发展协会为例，其《蒲城县妇女可持续发展协会章程》包括机构性质界定、业务范围、会员、组织机构与负责人的生产与罢免、资产管理和使用原则、章程修改程序、终止程序及终止后的财产处理以及附则。可见，章程中包括许多规章内容。同时，除了章程外并不意味着没有其他规章制度的存在，而是形式不正规。按可持续要求，完备的规章制度与操作流程应包括机构章程、机构组织、机构运行、机构业务及流程、财务制度、会员制度、人事制度以及其他一些相关制度。制度的运行状况体现了机构的执行力，同时也是其监察部门的重要职责。

除此之外，小额信贷机构制度的可持续也有外部环境的要求。小额信贷作为一项社会事业，属于社会建设范畴[①]，只有社会空间具备了其生存

---

① 2006 年 10 月，党的十六届六中全会明确提出了"社会建设"的目标和任务。

的可能与条件，其制度才能够得以持续，而这个社会空间是由社会的认知程度构建的（本书前面的章节已经论及，在此不再赘述）。金融机构与小额信贷机构有着微妙的关系，二者既竞争又互补。而最主要的是在社会责任方面，金融机构完全有理由支持小额信贷机构的资金需求与可持续，这在前文也有了交代。因此，金融机构与小额信贷机构之间的这种关系直接影响到后者制度的取向、可执行度以及可持续性。

3.2.3　小额信贷机构制度可持续的外部影响因素

影响小额信贷机构可持续的外部因素主要有国家金融政策、政府的支持、金融机构对小额信贷的态度。

国家的金融政策取向，尤其是对农村地区、对城镇贫困人口的金融政策取向构成了小额信贷机构制度生存与发展的基础环境，也是最主要的外部环境。农村金融是农村发展的重要构成部分，新农村建设工程正在如火如荼进行，推动着农村金融的发展与制度创新。如2010年5月财政部下发了《中央财政农村金融机构定向费用补贴资金管理暂行办法》，由中央财政向各类符合条件的农村金融机构提供补贴。因此，国家对农村发展的金融政策影响着小额信贷制度的可行性。与政策相符的，且具备实践发展空间的小额信贷，其可行性才能得到保障；相反，与政策不符的制度则会被淘汰，不具备可行性。

自1993年我国开始出现小额信贷业务模式以来①，随着实践的发展，相关的法律法规、政策文件相继出现。相关的规章制度及法律法规是小额信贷制度的外在法律条件，也是其存在与发展的基础与平台。我国已经出台的各类相关法律规章及文件规定（通知）等，包括国家小额信贷相关政策文件，例如《中国银行业监督管理委员会关于印发〈农村信用社小企业信用贷款和联保贷款指引〉的通知》（银监发〔2006〕7号）和其他10多份通知；也包括各省、自治区、直辖市小额贷款公司试点管理办法②——各省（区、市）一般都有关于小额贷款公司的管理办法；还包括小额信贷行业行为守则（行业自律规章）。2005年11月9日至10日，全国120家

---

① 1993年，中国社会科学院引进孟加拉国小额信贷业务模式。

② 小额信贷与普惠金融既有关联也有区别，考虑到小额贷款公司从事小额信贷业务，所以本书将其管理办法纳入小额信贷机构考虑。

小额信贷机构参加了在北京召开的小额信贷发展促进网络研讨会，通过了网络组织的章程，选举了网络组织的管理机构，正式成立了中国第一家小额信贷的网络组织——这就是中国小额信贷联盟。小额信贷行业行为守则即在此次会议期间颁布。

另外，政府对小额信贷的支持情况也影响小额信贷机构的小额信贷业务。财政部于2004年开展的扶贫到户贴息贷款改革，需地方政府的支持，中央将部分贴息资金给地方，由地方选择农业银行和农村信用社发放贷款。有了政府的支持，这类贷款到户率很高，回收率达到90%以上。杨凌农村信用社开展的农户小额信用贷款也是由杨凌区政府贴息，给建蔬菜和瓜果的大棚农户贷款1万~3万元，期限是3年。这样农村信用社才会有积极性，从而根据政府的支持提供相应的服务和产品。而非政府组织型小额信贷机构也离不开政府的支持，办公地点的提供、小额信贷的宣传、基层干部和群众的支持都或多或少存在政府扶持。政府的支持对小额信贷机构的制度建设、产品设计、客户挖掘都存在一定的影响。淳化县妇女发展协会位于渭北高塬沟壑区南缘，宣传工作比较困难，所以一些基层村镇的工作人员以村镇的办公场所和人员帮助机构宣传小额信贷。随着小额信贷事业的发展，一些地方政府为小额信贷的进一步发展开展了一定的制度创新。因此，地方政府为小额信贷开展的制度创新成为另外一个对小额信贷机构制度可持续发展产生重要影响的外部因素。这些相关的创新符合实践需求，有助于小额信贷内部制度的有效实施，并获得持续发展的动力与机制保障。如"郁南模式"中产生的各类制度创新（张乐柱和胡浩民，2011）。

金融机构是从事小额信贷事业的重要力量之一，银监会2006年的7号文件针对农村信用社开展小额信贷业务作了更为明确的规定。因此，金融机构业务的发展趋势以及对小额信贷的态度也影响着小额信贷机构制度的制定、实施以及可持续性。金融机构从事小额信贷业务，必然产生相应的制度及规章，同时也会影响到其他性质的小额信贷机构的规章制度与业务手段等方面。

对小额信贷机构的内部制度而言，各类外部影响因素多为显性影响因素。国家对农村发展的金融政策、政府对小额信贷的支持以及金融机构对小额信贷事业的介入及态度都外显地影响着小额信贷机构制度的实施、效果以及未来前景。

3.2.4　小额信贷机构制度可持续的内部影响因素

综合影响小额信贷机构制度可持续的因素中机构领导人、员工素质和客户需求三个方面构成了主要的内部影响因素。

小额信贷机构领导人起到较大的作用，尤其对非政府机构和政府机构而言，机构领导人成为整个机构正常运作的核心。机构制度的制定和执行都由领导人决定。非政府机构虽然有理事会和监事会，不过理事会其他成员和监事会成员是其他机构领导兼任，无暇过问小额信贷机构具体事务，而这些具体事务多由小额信贷机构秘书长全权处理。整个机构的发展高度依赖这个领导人，大小事情秘书长说了算，秘书长权力较大，足以左右制度可持续发展。就目前状况而言，很多小额信贷机构的领导人是退休或即将退休的政府工作人员，精力已经不是十分充沛，甚至接受新事物较慢，这将影响小额信贷机构制度创新和制度可持续发展。

除了机构领导人，小额信贷机构工作人员素质也影响制度可持续发展。机构的制度由工作人员执行，制度执行好坏、制度是否得到创新，都会影响小额信贷机构制度可持续发展。一般而言，小额信贷机构的工作人员方面有四个特征：缺乏专业人才，缺乏高素质人才，缺乏有经验人才，运行高度依赖机构的一两个关键人物。蒲城县妇女可持续发展协会共有11个工作人员。秘书长是退休妇联主任，业务主管是退休信访局局长，会计是中专毕业生，信息系统管理员是大学毕业生，其他的是从基层干起的工作人员。这样的人员结构一定程度上制约了机构的更好发展。作为制度执行者的工作人员素质直接影响小额信贷机构制度可持续发展。高素质的人才对小额信贷机构的制度创新很有帮助，也利于理解和执行新的金融和信贷政策。

容易被经营者与研究者忽视的是"客户需求"对小额信贷机构制度的影响。目前的小额信贷机构（尤其纯粹小额信贷机构，如妇女发展协会）在开展业务之前首先要对目标区域进行针对性调研，获取以"客户需求"为中心的第一手材料，再依据这些材料信息设计信贷实施的具体方案，包括放贷范围、目标客户资格、信贷利率以及回收程序与方法等方面。所以此时的客户需求外显地影响了机构制度的制定及实施。但另一个环节常被忽视：信贷实施过程中的客户需求问题。信贷实施过程是不断调整与完善

的过程，主要依据是客户对信贷实施的反应以及信贷实施取得的产出。客户反应与信贷实施产出的直观与最主要的表现就在于客户需求的变化。但在实践过程中，对这一需求的掌握与使用存在着诸多问题，尤其忽视了客户需求变化与小额信贷机构制度间的紧密关联性。简单而言，需求变化引导着制度的相应调整，制度的确立以满足需求为目标。

机构的生存与制度的可实施性取决于客户对其认可程度，获得客户广泛认可的小额信贷机构制度会获得生存与发展空间，从而使制度产生可持续性。客户的认可程度最终取决于小额信贷机构业务效果，即对客户的产出效果。只有产出激发了客户，才能够使其认可制度。同时，这种产出还必须建立在客户的实际需求之上，即只有产出以满足客户需求为目标，才能够让客户认可制度。因此，客户的需求也是影响小额信贷制度可持续的一个重要的外在影响因素。

内部影响因素多为显性影响因素。机构内部的部门设置及职能的有效发挥程度都直接影响着制度的可持续，这种影响是显著的、外在的。机构内的各类规章制度的具体内容是制度可持续的基础之一。制度内容合理且能够有效实施，其制度形式便更易获得可持续发展；相反，内容有悖于实践、没有实践效果，必然会被淘汰，其制度形式也不可能获得发展，其后果甚至直接导致机构的萎缩与失败。

3.3 小额信贷机构贷款实施可持续的影响因素

小额信贷机构最关键的工作是贷款实施，即资金从机构流向需求者、再从需求者带利息流回机构，源源不断重复。这个过程受到多个因素影响，主要有机构的管理制度、激励约束机制、员工素质、员工忠诚度。

3.3.1 小额信贷机构贷款实施可持续现状

非政府机构和政府机构在信贷实施中均存在着较多的问题，如许多金融活动靠政府推动、财务制度的不健全和欠规范等，这些导致了隐含成本的增加（曹子娟，2006）。但到21世纪的第10个年头，这一状况有了较大改善。从总体而言，小额信贷机构在信贷实施方面具备了系统性与完备性。在对目标客户的覆盖率方面也有了提升，非政府机构的小额信贷余额为10亿元左右，农村地区农村信用社、农业银行、邮政储蓄银行的贷款余额总额近 7000 亿元，农户覆盖率达三分之一左右（阮修星，2011）。但实施过程仍存在着诸多问题，这使得其可持续性受到威胁，综合反映在小额信贷机构的生产率低下方面（于转利和罗剑朝，2011）。

由于小额信贷的信贷额度较小且相对固定（一般多在 1000 元至 3000 元之间），所以其信贷总额的增加代表了经营规模的扩大，也在一定程度上代表了中国小额信贷在总体实施方面取得的进展。但对此应具体分析，辩证看待。一味扩展规模，忽视贷款回收，导致经营困难，这是一种失败的实施过程，可持续性无从保证。一些研究者开始关注实施规模、效率与可持续性间的关系。Niels Hermes 等（2011）利用 SFA 分析了 1300 多家小额信贷机构得出结论：小额信贷机构的效率和覆盖面不具相关性。这样，机构即使覆盖了很多穷人，效率也不一定高。覆盖率代表了该机构的社会职责的实现情况，这是实施可持续的一个重视社会指标。对目标客户的覆盖率高意味着其社会绩效突出，但从市场中机构生存的效率视角，这需要辩证分析。最突出的一方面是高覆盖率、低生产率问题。一些研究者使用 DEA 方法以及 Malmquist 方法研究其中的关系，发现低生产率问题是影响中国小额信贷机构业务实施可持续的重要因素。

3.3.2 小额信贷机构贷款实施可持续的要求

小额信贷在实施中与传统商业银行信贷有着明显差别，主要表现在以下几个方面：一是信贷对象以低收入者为主，与日常生活、家庭生产紧密相关；二是数额较小；三是市场规则的运用；四是吸收民间互助组织或合作组织的优势；五是资本结构具有准股权性质，其所受到的外部控制和监管一般较少（焦瑾璞，2010）。这是小额信贷实施的重要特征与运行机制。在这些机制之中，利率、还款方式是核心要素，主要针对确定与保证目标客户，一些研究者把这种筛选信贷申请者的技术称为"小额信贷项目的自动瞄准——自动瞄准贫困人群"（程恩江和 Abdullahi D. Ahmed，2008）。在实施可持续中，这种机制与核心要素是必然要坚持的。

除了以独特与有效的机制保障信贷的有效实施外，也要考虑小额信贷机构的社会职责履行情况。帮助与扶持中低收入者尤其农村地区中低收入者是小额信贷业务实施的社会职责，有效实施信贷就是对这种职责有效践行。但不可忽视的一点是，帮助与扶持并不是一味从资金支持方面表现出

来，而是从深层次——改变中低收入者的意识体现出来，在社会工作中叫做"充权"（Empowerment）。因此，如何帮助中低收入者从文化层面脱贫（摆脱贫困文化的束缚）也应成为衡量小额信贷机构实施可持续的重要因素。

农村是小额信贷的主要实施区域，除了自身的诸多特性外，农村中的民间组织与群体对其也有重要影响。如信贷中心开展的中心会议即是农村中一种新的组织形式。合理利用各类组织扩大小额信贷影响力、形成新的组织形式以及推进各类农村组织的成长与成熟，从而全方面带动小额信贷事业，对推进农村地区发展具有重要意义。

3.3.3 小额信贷机构贷款实施可持续的外部影响因素

小额信贷的实施受诸多外在环境的影响，这构成了一大类外部影响因素，主要包括国家金融政策及农村地区政策方针。对此，本书已在资金来源可持续部分作了介绍。小额信贷机构业务的实施与开展必须依据国家的相关政策进行，金融政策与对农村地区的政策是其中最重要的构成部分。当然，其中也包括针对小额信贷机构直接制定的政策方针。若要再深入探讨，这些政策方针自身的可持续性也直接影响着小额信贷实施的可持续。道理显而易见：多变的政策导致信贷实施的政策保障不稳，小额信贷机构的公信力受损，实施也必然受损。

小额信贷事业的社会认知及发展氛围在影响着资金来源可持续的同时也深刻影响着信贷实施的可持续。错误的认知或误解以及不良的环境都会削弱实施的可行性及效果。因此现在小额信贷行业已经非常重视对目标地区及客户的先期调研，并注重对信贷地区社会组织的运用，努力为自身的生存与可持续发展创造好的发展氛围，推进对小额信贷的社会认知。

农村金融需求是小额信贷业务开展的外部环境，没有金融需求则不会产生小额信贷，实施也就无从谈起。需求存在需要具体分析，只有充分掌握了目标地区的金融需求状况才能有针对性地制定相关制度并实施小额信贷。不依据需求状况实施业务则会使业务受阻，可持续性受到影响。

农村金融需求主要依据农村中需求个体的情况而定，但农村中的民间组织与不同群体力量也直接影响着小额信贷的实施状况。农村中存在着大量的民间借贷，民间借贷多，则会影响到小额信贷的实施。另外，一些农村地区宗族力量仍很强盛，这会在一定程度上影响小额信贷。张杰和高晓红（2006）发现，从小家到宗族，从宗族到村邻再至乡镇、市省的圈层结构中，宗族内部信任感较强，越靠近外层信任感则越差。而基于宗族之上的圈层内部的信任成为民间借贷的基础，出了圈层，信贷关系容易破裂，信贷关系难以维系。

在众多的外部影响因素当中，除农村地区以宗族力量为主的传统力量外，多数属于显性影响因素，其对实施可持续的影响是外在的，易被人们认知的。农村传统力量中宗族势力仍占有一定空间甚至在一些农村中发挥着举足轻重的作用。这股力量一定程度上左右着村中人群的思维与行为方式。如果他们的思维与行为被宗族固化与控制，则无论多么穷困也不容易产生信贷行为。这在社会学中也被称做"贫困文化论"。同时，宗族群体中有成员申请小额信贷则必然要先得到宗族群体的认可并通过，否则没有可行性。这种现象尤其容易出现在偏远山区等传统族权势力强盛的地区。在现代小额信贷业务实施过程中，宗族势力常常被忽视，主要原因在于其作用力的内在性与隐蔽性。

小额信贷机构客户的市场意识影响着他们对待小额信贷的态度。一般而言，市场意识深的客户群体对小额信贷的接受程度也相应较高；市场意识淡薄，则其对小额信贷的接受程度较低（严盛虎，2004）。其作用路径是市场意识首先影响客户对资金需求的满足路径选择，市场意识强者多通过市场途径满足需求，市场意识弱者多通过社会关系途径（如民间借贷）满足需求；满足资金需求的途径选择作用于小额信贷实施的可能性与有效性。

3.3.4　小额信贷机构贷款实施可持续的内部影响因素

回到小额信贷机构内部，影响小额信贷实施的因素主要是机构本身和工作者。小额信贷最核心的问题是贷款实施。这里机构的管理制度、激励约束机制、员工素质和员工忠诚度对信贷过程影响较大。小额信贷机构贷款实施主要由员工操作。从贷款发放到回收，工作人员主动权较大。员工在机构制度指引下工作，受制度约束。除此之外，员工素质，员工忠诚度所起的作用较大。

小额信贷管理制度引导员工的工作态度。首先，明确员工岗位职责，既利于机构考核，又方便员工清楚工作任务。在此基础上给予员工适当的

权利，使其明白完成任务后获得的具体奖励，这样员工的工作积极性将大大提高。其次，建立内控制度，规范机构日常管理，防范信贷风险发生。有了内控制度，及时发现工作疏漏，要求员工立即处理，减少损失。在管理和内控的配合下，工作效率自然提升。小额信贷管理不善，导致机构出现大问题的事例也常有。印度安德拉邦小额信贷危机的其中一个诱因就是机构管理制度和风险控制不健全，自身管理能力建设赶不上规模增长速度（杜晓山，2011）。

除了日常管理，和员工利益最紧密的还是激励约束机制。激励约束机制会影响员工的价值取向和工作重心。小额信贷机构员工在信贷一线，创造机构绝大部分收入，保护机构资产。员工工作的积极性和工作效率决定机构的业务数量和质量。激励员工努力工作，约束员工道德风险发生，是激励约束机制的主要作用。反之，激励约束机制不恰当，可能带来不良后果。小额信贷机构员工工资和业绩挂钩，贷款的发放和回收都影响他们的收入。中国某些非政府组织型小额信贷机构的瞄准目标上移，也是机构激励下中心主任和信贷员选择客户的倾向出现偏移（刘西川等，2007）。在过分重视利益的前提下，如果没有可持续发展的目标，容易陷入过度开发客户，负责过多的信贷业务，无暇和客户密切接触，导致信息不对称出现，严重时引发信贷危机（杜晓山，2011）。

员工素质影响工作质量和业绩。工作人员的素质高，善于和客户沟通，了解客户需求，观察客户动向，揣测客户心理，这样的员工才可以留住老客户、开发新客户，放出贷款后顺利回收贷款。优秀的员工拥有高质量的客户群体。

员工素质高只是信贷款实施的一个重要方面，只有员工具备较高的忠诚度，贷款实施可持续才有可能实现。员工对机构忠诚、有归属感，视机构如自己的家一般，如此才会积极有效地投入工作，能够尽心提高客户熟悉度，及时催收贷款，防范风险发生。这样，员工的职业道德在无形中提升，逆向选择概率极大减少。

小额信贷机构的规模，主要包括员工、客户和贷款额，尤其是其业务实施规模与效率也是影响实施可持续的内部重要因素。只有规模适当，并且实现高效率运行才能够为实施可持续提供重要基础。同时，业务可持续的表现之一也体现在适当规模与足够的效率方面。

3.4 小额信贷机构财务可持续的影响因素

小额信贷界主流观点认为小额信贷机构成功的两个标准是目标客户的规模和覆盖深度（贫困程度）与小额信贷机构的财务可持续性（杜晓山，2003）。可见小额信贷机构的财务可持续在小额信贷可持续中的重要性。亚行首席经济学家汤敏（2006）又指出，中国小额贷款做不大、做不好的原因在于其利润太低，甚至没有利润，所以外在资本不会被吸引进此项事业当中。小额信贷机构财务可持续的核心是盈利，收入和成本成为财务可持续关键因素。机构的收入可以覆盖各项成本，产生利润，这样机构才能够生存。

3.4.1 小额信贷机构财务可持续的现有研究及实践操作

长期以来，制度主义的小额信贷机制（Institutionalism）与福利主义的小额信贷机制（Welfarism）代表了两种主要的财务态度。制度主义强调机构自身发展，以财务可持续发展为重要评价指标；福利主义则主要以扶贫为主要评价标准，长期以各类扶持与捐赠资金不断注入成为财务可持续的依赖。目前而言，后者的存在空间已经面临着巨大挑战。制度主义认为，一个达到了财务可持续的小额信贷机构，其减缓贫困的力度也是较大的，因为只有可持续的项目才能被推广和覆盖更多的贫困人口（孙同全，2006）。

在实践中，小额信贷机构本身一般主要关注在社会目标实现过程中的可盈利水平、资金利用及财务规模的可持续。而在实践中，这些观念也支配着不同机构的财务发展的主流走向。温智良（2005）发现，虽然新余市农村信用社2004年全年的筹资成本约为4%，农户小额信贷贷款利率约为7%，有3个百分点的利差收益，但是核算过程漏掉了三项不确定成本。一是费用成本。二是风险成本，包括信用风险，农户的逆向选择和道德风险，自然和市场风险。三是机会成本。蒲城县妇女可持续发展协会在衡量自身经营成果时除了财务报表，向外汇报的还有以下财务信息：除了国际流行的操作自负盈亏率（OSS）和财务（即金融）自负盈亏率（FSS）外，还涉及其他一些指标，包括财务、收益、费用风险等。这些指标的考核和使用在某种程度上增加了机构财务可持续发展的可能性。

表 3 - 3　　　　　　　蒲城县妇女可持续发展协会财务信息

2005—2009 年主要经营成果　　　　　　单位: 万元,%

	2005 年 (6~12 月)	2006 年 (1~12 月)	2007 年 (1~12 月)	2008 年 (1~12 月)	2009 年 (1~6 月)
总贷款余额	29.1	81.76	183.7	209.90	274.73
总资产	33.01	84.57	191.27	230.18	292.47
总所有者权益	33.01	64.57	158.89	199.08	207.11
财务收入	1.32	5.06	13.65	23.44	21.02
金融成本	0	0.32	0.45	0.55	1.58
贷款损失预留	0	0	0	2.10	6.48
经营费用	4.84	16.68	15.17	20.35	13.48
净收入	-3.52	-11.94	-1.97	2.68	6.03
贷款收益率	9.07	9.1	10.3	11.89	7.59
资产回报率	-21.3	-20.3	-1.4	0.21	2.31
操作自负盈亏率	27.28	74.50	87.37	112	140.28
大于 30 天的风险贷款比率	0	0	0	0	0
股权回报率	-213	-24.5	-1.78	0.25	2.97
负债/所有者权益	0	41.03	29.2	51.5	41.21
资本充足率	100	82.9	80.3	46.7	77.72

资料来源: 蒲城县妇女可持续发展协会。

3.4.2　小额信贷机构财务可持续的要求

小额信贷机构财务可持续指标中比较受重视的是 1997 年 Morduch 提出的操作可持续比率（OSR）和经济（即金融）可持续比率（ESR），这两个比率建立于盈亏平衡利率（Break-even Interest Rate）的基础之上（约纳森·莫达奇，1998）。操作可持续比率（OSR）是为实现运作的可持续性而必须提高的利率的指数。经济（即金融）可持续比率（ESR）是为实现经济的可持续性而提高的利率指数。这两个比率被用来从外部衡量小额信贷机构财务可持续情况。

后来著名的国际小额信贷信息交流网络（MIX）使用评级方法衡量小额信贷机构的绩效。它们的衡量主要包括总体财务表现、风险及流动性表现、费用表现、效率表现和收益表现。具体分解指标如下:（1）总体财务表现（Overall Financial Performance），包括几个重要指标比率：资产回收表现（Return on Assets）、权益回收表现（Return on Equity）、运营自给率（Operational Self Sufficiency）。（2）收益表现（Revenues），包括资产收益表现（Financial Revenue/Assets）、利润边际表现（Profit Margin）、名义投资产出表现（Yield on Gross Portfolio /Nominal）、实际投资产出表现（Yield on Gross Portfolio/Real）。（3）费用表现（Expenses），包括总体费用表现（Total Expense/Assets）、贷款损失表现（Provision for Loan Impairment/Assets）、经营费用表现（Operating Expense/Assets）、人工成本表现（Personnel Expense/Assets）、管理费用表现（Administrative Expense/Assets）和财务费用表现（Financial Expense/Assets）。（4）效率表现（Efficiency），包括营业费用效率表现（Operating Expense/Loan Portfolio）、人工成本效率表现（Personnel Expense/Loan Portfolio）、贷款者成本表现（Cost Per Borrower）、贷款笔数成本表现（Cost Per Loan）。（5）风险及流动性表现（Risk and Liquidity），包括短期风险表现（Portfolio at Risk > 30days）、长期风险表现（Portfolio at Risk > 90days）、坏账表现（Write-off Ratio）、贷款损失表现（Loan Loss Rate）、风险覆盖表现（Risk Coverage）、非营利性流动资产表现（Non-earning Liquid Assets as a % of Total Assets）。根据小额信贷机构的财务表现，给小额信贷机构评级，广大投资者可以根据评级级别来考察小额信贷机构运营状况，并决定投资去向。如果小额信贷机构可以达到这些要求，那么小额信贷机构财务状态就比较好，可以有盈利。在这些指标中，有一组效率表现专门衡量机构的财务效率，其他的财务指标也都和效率有关。比如效率高，小额信贷机构的费用可能节省，而且收益也会增加。机构有效率、财务可持续比较容易达到。

　　目前广大小额信贷机构内部采用的财务可持续衡量指标中，有两项著名指标来自国际小额信贷信息交流网络（MIX）。这两项指标是操作自负盈亏率（OSS）和财务自负盈亏率（FSS）（即金融自负盈亏率）。操作自负盈亏率是小额信贷机构核心关注点。它是金融收入与金融费用、贷款损失、操作费用之和的比值。财务自负盈亏率是调整后的操作自负盈亏率，它是金融收入与调整后的金融费用、贷款损失、操作费用之和的比值。这两个指标衡量小额信贷机构可持续发展能力。

　　另外，小额信贷机构的财务可持续是小额信贷整体可持续最重要的直

观表现，也与资金来源可持续、制度可持续、贷款实施可持续有着密切联系。这决定了小额信贷机构财务状况，是小额信贷机构整体可持续中最敏感也是受影响最集中的方面。资金来源可持续直接影响了财务可持续的可能性；制度可持续影响了财务状况的可能走向，对财务的可持续起着深远且长久的影响；贷款实施可持续是保证财务可持续的前提条件，没有实施的可持续财务可持续不可能实现。

3.4.3　小额信贷机构财务可持续的外部影响因素

财务可持续状况是小额信贷机构整体生存状况的一种最直接与最外显的表达，同时也最受外界关注，这决定了小额信贷机构的财务状况所具有的敏感性。因此，外部多种因素影响着小额信贷机构的财务可持续性，主要包括国家金融政策、农村金融政策、农村金融需求以及社会文化因素（尤其社会认知及农村信贷发展氛围）。

国家金融政策全面影响着小额信贷机构的整体可持续性，包括财务发展的可能性。国家农村金融政策对以农村客户为主的小额信贷机构产生着重要影响，其财务发展首先要以该政策为前提。农村金融需求是小额信贷事业的重要基石之一，没有需求就没有小额信贷，也就没有其财务的可持续。社会文化因素影响着人们的社会观念、市场观念以及行为取向，在各种社会文化因素共同作用下产生的人们对小额信贷的认知情况对小额信贷事业发展会产生重要影响，这涉及目前小额信贷的一些核心工作机制问题，如机制中的诸多内容主要为应对与利用农村中一些传统文化与生活特色的措施。

影响小额信贷机构财务可持续发展的诸多因素的外显性明显。除金融政策外的其他各类政策和措施，尤其针对农村发展与建设的措施都外显地影响到小额信贷机构的生存发展，进而影响着其财务生存能力。以农村地区为主的金融需求对小额信贷机构财务的可持续发展能力也构成了显性影响，没有需求就没有财务发展的可能性。

多数外部因素属于显性影响因素，其影响作用可被经营管理者明显认知到。社会文化因素是外部影响因素中重要的组成，但社会文化因素具有隐蔽性，不易被人们发觉与重视。社会文化因素主要以文化形式影响人们的思维与行为方式，进而左右人们的市场观念，尤其是利用借贷关系使用外来资金的观念。也就是说，外部社会文化成为小额信贷开展的外部社会空间限制。比如对一些贫困农村地区而言，宗族文化的兴盛直接影响着村中人员对融资行为的态度，进而左右了他们是否通过小额信贷获取所需资金。

3.4.4　小额信贷机构财务可持续的内部影响因素

前文所列示的五大类指标既是财务可持续的直观体现，也是直接影响财务发展的内部因素。这些指标是对以制度为基础的财务能力的一种量化评价，通过这些指标反映出财务可持续能力的强弱，同时也可发现包括财务制度在内的小额信贷制度可持续中问题的症结。因此，量化指标评价有其优势所在，是内部因素分析的重点考察对象之一。从小额信贷机构内部看，和财务直接相关的客户数、还款率和员工数直接影响财务可持续状况。

客户是小额信贷机构利润的提供者，客户数量大表明小额信贷机构潜在利润多。机构的客户数多代表机构业务量大，给越多的客户贷款，就有越多的利息收入。客户数量和小额信贷机构的收入是正相关关系。客户数量是小额信贷机构覆盖面的表现，它影响着小额信贷机构的财务可持续发展能力的大小。

员工数量是小额信贷机构规模的衡量指标。小额信贷机构规模大，则员工多。员工是小额信贷机构最主要的工作承担者，承担小额信贷机构大部分信贷业务。同时员工工资也是小额信贷机构最主要的成本。这个成本就是小额信贷机构支付给工作人员的工资、奖金等费用，这占据了小额信贷机构成本的很大比例。员工数量影响小额信贷机构的成本高低，也影响小额信贷机构利润小和大。在员工数量基础上还有一个指标是平均每个员工的客户数，这个指标是小额信贷机构的总客户数比总员工数。该指标可以衡量小额信贷机构的员工工作效率。如果这个指标高，可以说小额信贷机构员工的收益成本率较高，机构收益较大、财务可持续更容易达到。

还款率是小额信贷机构利润的保证。小额信贷机构把资金贷出并回收后获取利息收入。如果没有资金的回收，即还款率较低，这样机构的本金发生损失，更不可能有利息产生，利润无从保证。还款率和小额信贷机构收入呈正相关关系。因而只有保持高的还款率才可以使小额信贷机构获得

利润。有贷有还才是小额信贷的完美实现。还款是小额信贷最后一步，也是最关键的一步。按约定顺利还款，利润便流回机构，否则不但没有利润，机构还会白白损失本金。它决定了小额信贷机构财务可持续是否能够实现。

除此之外，还有一些因素直接影响小额信贷机构财务可持续发展。这些影响因素一方面来自其财务制度（包括组织构成及制度），另一方面来自其他制度的可持续性。财务制度决定了机构财务的规范性及其发展可能性，起着财务可持续发展平台的作用。没有规范的适合机构发展的财务制度，机构生存将面临严峻挑战，其财务可持续更无从谈起。其他制度可持续则从不同方面对财务产生一定影响。机构章程构成财务可持续的大前提之一，合理有效的章程是财务发展的基础之一。机构组织是一个有机整体，组织不健全就会损害机构整体生存能力，削弱财务发展能力。机构运行是在机构组织健全基础上有效开展日常工作及应对各类突发问题的机制，组织的深层力量来自运行与执行力；机构业务及流程是机构（组织）运行的最直接与最主要的体现。因此二者成为财务可持续的重要环节。会员制度及人事制度是机构存续与发展的重要基础，会员制度是小额信贷行业的一种创新尝试，且显示出了其适用性与生命力，成为拉近机构与客户尤其是农村地区客户的重要纽带。

在小额信贷制度可持续诸因素中对财务可持续存在着一定的隐性影响，实际上这一现象表现非常明显。中国许多小额信贷机构自身定位不明确，受多种外在因素影响较大，所以本身的制度建设存在着诸多问题，如职能建设的脱节化、本身的法人地位与被挂靠单位的非法人地位的矛盾等。财务职能部门的设置及运行状况、投资收益和社会价值的实现的权衡关系具有外显性质，对财务状况的影响具有显性影响。但机构章程、其他机构组织、机构运行、机构业务及流程、会员制度、人事制度以及其他一些相关制度则隐性地影响着财务的可持续。实际上，这些制度可持续与财务可持续具有并行且交叉、又互为前提的特征，是一个复杂的动态系统，共同构建起小额信贷机构自身有机系统。实践中，这一状况被大多数人所忽视，从而隐性且长期地削弱了财务可持续能力。

3.5　小额信贷机构可持续发展的效率分析

杜晓山等（2006）认为小额信贷机构是否可持续发展，受小额信贷机构自身水平和能力建设、宏观政策环境两个因素制约。而小额信贷机构自身水平和能力建设与机构效率息息相关，进而效率影响机构可持续发展。杜晓山等（2008）衡量小额信贷机构可持续发展能力时使用两组指标：盈利能力指标和生产效率指标。小额信贷机构盈利能力也受效率影响，效率高低影响其盈利能力大小，而机构自身的能力和水平建设也受生产效率制约，机构发展的目的还是提高生产效率。可见效率影响着机构的内部生产和产出水平，也直接影响机构的可持续发展能力。何广文和李莉莉（2005）对正规金融机构开展小额信贷业务的效率分析，以其具体的绩效指标（包括信贷资产质量、生产率与效率、财务生存性、收益、杠杆率与资本充足状况、规模、范围和增长）考察小额信贷机构的效率问题。

综合上文中影响小额信贷机构可持续发展的外部因素，不外乎国家的经济状况，例如国家农村金融发展、农村金融需求、农村金融政策等；还有政治环境，例如国家的扶持政策和导向等；还有社会认知、宗族势力等社会环境。这些因素影间接响着小额信贷机构可持续发展。如果在经济、政治、社会等各个系统内和系统之间具有效率，就可以促进小额信贷机构的可持续发展，否则就会阻碍小额信贷机构可持续发展。

综合影响小额信贷机构可持续发展的内部因素主要有管理方面，包括管理制度和激励制度；产出方面，包括覆盖率和贷款客户数及还款率；员工方面，包括员工素质忠诚度及员工数量等。这些影响因素共同影响小额信贷机构发展，同时也受到效率影响。小额信贷机构的管理效率、产出效率及工作效率都影响以上因素发挥作用的快慢。杜志雄（2001）也认为小额信贷机构内部因素直接影响着其效率状况，主要通过信贷机构员工体现出来。这样，效率就成为小额信贷机构可持续发展的最主要因素。

目前研究就小额信贷机构的效率问题开展的分析较为深入，涉及实施机构与操作机构对效率的影响、人员构成及职责分配对效率的影响以及从不同的研究视角剖析影响效率的诸多因素，主要运用投入产出模型，以DEA 和 Malmquist 为主要分析工具。近年来，学界及小额信贷行业把主要目光集中于以农村地区为主的"信贷需求"方面。本书也在影响因素中不同程度涉及了"金融需求"（信贷需求）对小额信贷机构可持续发展的影响，这实质也是对其效率影响的一种重要途径。以程恩江为代表的一批研究者从多个视角剖析了信贷需求及其对小额信贷效率产生的影响。"信贷

需求"已经成为影响目前中国小额信贷机构效率的重要因素。这种需求包括多个层面与方面，如依资金用途的划分、依资金规模的划分、依市场因素的划分、依生活因素的划分、依各类形式的划分等。

本书后面各章节将选取陕西省杨凌农村信用社①为研究对象，针对其员工和周边农户以及小额信贷的中小企业客户进行针对性研究。研究结果表明，作为外部影响因素的信贷需求与作为内部因素的机构员工态度构成了影响小额信贷机构效率的重要因素。

3.6 本章小结

本章分别分析了小额信贷供给可持续发展的影响因素，即小额信贷机构资金来源可持续发展、制度可持续发展、贷款实施可持续发展和财务可持续发展的影响因素。对这些影响因素进行描述，并把这些因素分为内部和外部两类。最后把小额信贷机构可持续发展和效率联系起来，认为效率是影响小额信贷机构可持续发展的具有核心意义的因素。

---

① 陕西省杨凌示范区农村信用社位于康乐路43号，成立于1994年。经中国银行业监督管理委员会批准，由辖区内农民、社区居民、中小企业入股组成合作制社区性地方金融机构。信用社合作联社拥有五个信用社，一个联社营业部，一个市场分社共7个营业网点，负责全区"四乡一镇"71个村民委员会、300多个中小企业、12万多农户、20万城乡人口的信贷服务。

第四章 中国农村小额信贷需求
可持续发展的影响因素分析

帕特里克（Patrick）的理论认为，金融和实体经济间存在供给驱动和需求引导关系，并且供给驱动型金融必须以需求引导型金融为基础（何明生和帅旭，2008）。依据此思路，小额信贷需求研究很有必要。农村小额信贷需求可持续发展是指农村中的需求方对小额信贷的需求形成一种持续、稳定、长久的过程。农村小额信贷需求可持续发展需要有稳定的客户来源，包括原有客户和新加入客户。主要包括三方面内容：需求者持续申请小额信贷，需求者规范使用小额信贷，需求者按时归还小额信贷。小额信贷需求者多是农户，也有少量农村小型企业。本章主要以农户为例来考察影响小额信贷需求可持续的因素。有大量的小额信贷需求者，才出现供给机构，没有需求就没有供给，旺盛的小额信贷需求推进小额信贷机构的发展。因此，农村小额信贷需求对小额信贷的发展以及小额信贷机构的生存发展至关重要。农村小额信贷需求状况对农村小额信贷发展影响深远，农村小额信贷需求可持续发展是农村小额信贷可持续发展的必要构成部分。

影响农户持续申请、规范使用、按时归还小额信贷资金的因素就是小额信贷需求可持续发展的影响因素。韩俊等（2007）利用 Iqbal 模型框架对 1962 户农户调查数据进行分析得出农户家庭收入、生产经营特征和家庭特征是影响农户信贷行为的决定因素的结论。依据农户小额信贷需求可持续的三个主要构成要素，下文将主要以杨凌农村信用社的小额信用贷款农户[①]和蒲城县妇女可持续发展协会及淳化县妇女发展协会的资料讨论影响农户小额信贷需求可持续的主要因素。

杨凌区 W 镇是陕西省的小额信贷推广试点镇，农村信用社及其分支机构是小额信贷的实施机构。以该镇农户为调查对象，调查采用问卷形式，

---

① 下文关于杨凌农户的部分分析出自于转利和罗剑朝 2011 年发表在《西藏民族学院学报（哲学社会科学版）》的文章《影响农户小额信贷的因素分析——以杨凌 W 镇为例》。

共发放 100 份问卷，回收 84 份，其中有效问卷 80 份。调查结果中，有 67 人听说过小额信贷，占有效问卷的 83.8%，11 人没听说过，占有效问卷的 13.8%，2 人未填。62 户想过申请小额贷款，占有效问卷的 77.5%，14 户没想过，占有效问卷的 17.5%，4 户没有选择。有 40 户在过去两年内申请过小额信贷的农户，占有效问卷的 50%，未申请过的 37 户，占有效问卷的 46.3%，3 户未填。从这些数据分析，符合认知与行为规律。

4.1　农户申请小额信贷的影响因素

通过对诸多因素的甄别与筛选，本书选取农户素质、利率、贷款条件、信贷额度和资本间的博弈对农户申请小额信贷的影响进行分析。

4.1.1　农户素质

设定农户素质主要指标包括文化程度、手艺、是否村干部、是否党员、是否农村信用社社员等个人资源禀赋。运用统计描述中的频率法，发现在 80 名被调查者中，有 49 人为初中文化，占有效问卷的 61.3%，高中毕业 17 人，占有效问卷的 21.3%。以变量性质为依据，选择 Kendall 的 tau-b 进行相关分析，测量"文化程度"与"是否申请过小额信贷"两个变量间的相关性。通过检测发现，Sig（双侧）的值为 0.587，显著性水平远高于可接受水平。表明是否申请小额信贷与文化程度间没有显著对应关系。再检测"文化程度"与"是否听说过小额信贷"两个变量间的相关性，Sig（双侧）值为 0.039 < 0.05，呈显著相关；tau-b 系数为 - 0.222，表明文化程度提升有助于农户对小额信贷的接触与认识。

55 人具备手艺（木匠或建筑等），占有效问卷的 68.8%；24 人没有手艺，1 人未填。根据"是否有手艺"变量与"是否申请过小额信贷"的变量性质（名义变量），采用相依系数和 φ 系数（Phi and Cramer' V）值进行检测如表 4-1 所示。检测结果表明，显著性水平远大于可接受水平，两类检测的系数结果均小于 0.1，表明两变量之间的相关性很小。"是否有手艺"不构成是否借贷的重要影响因素。对名义变量"是否听说过小额信贷"与"是否申请过小额信贷"进行相关性检测，Sig. 值为 0.181（相依系数为 0.151），表明二者没有显著相关性。可见，农户接触与申请小额信贷没有受到是否具有手艺因素的较大影响。表明 W 镇中可能存在金融排斥现象（Kempson 和 Waylay，1999）。

表 4 - 1　　　　　　　　　　相关性检测

	系数值	近似 Sig. 值
φ	0.092	0.424
Cramer 的 V	0.092	0.424
相依系数	0.091	0.424
有效案例 N	76	

"是否村干部"、"是否党员"、"是否农村信用社社员"三变量作为对政治资源影响的因素，加以考察。由于三变量均为名义变量，所以使用相依系数进行检测。Sig. 值分别为 0.523、0.751 和 0.586，表明三变量没有对申请小额信贷产生显著影响。在与目标变量"是否听说过小额信贷"相关性的考察中，变量"是否村干部"与目标变量间的 Sig. 值为 0.078，表明在显著性水平为 0.1 时，可以认为两变量间具有显著相关关系，即村干部的身份有助于他们接触到小额信贷（相依系数为 0.197）。其他检测的 Sig. 值没有达到要求（分别为 0.168、0.346），所以可以认为，除了担任村干部外，杨凌农户中其他两项政治资源对接触与申请小额信贷并没有大的影响，由此可以看出，农村信用社社员被赋予的信贷优先权没有落到实处。

社员制是农村信用社特有制度，对其他类型的小额信贷机构而言该项制度多不健全，有的也不完善，名存实亡。对妇女可持续发展协会而言，社员制改变成了"会员制"。基本做法是：客户每次贷款前，按贷款金额 0.5% 的比例交纳会费，成为会员，会费用于会员的活动支出。客户在还清贷款与利息后可随时退出小组。在还清贷款本息并且所在小组没有任何欠款时，客户可以提取本人的小组发展基金及相应利息。如果没有还清贷款本息就退出小组，退出客户的小组发展基金将被用来弥补此人的欠款，不足部分由小组其他成员偿还。对于不遵守纪律的小组成员，如长期缺席中心会，故意不还款或将贷款挪作他用等，小组一致同意后将其开除。如果被开除的成员有欠款，他须还清或使用小组发展基金清偿，否则小组代偿。

多数妇女可持续发展协会的这种"会员制"做法是一种更为有效的保障与推进申请可持续的措施，目前实施效果较好。但总体而言，各类农村

小额信贷机构的实践中，具体考核农户素质的做法并不深入，也不普遍。多数贷前调查更注重还款的保障与能力。一方面由于这种考核存在着一定困难，同时直观性不强，联系的外显性不强；另一方面在于农户素质与可持续申请小额信贷之间的关系较为复杂，对经营者而言，关注与分析的成本过高，而收益较小且不显著。

关于农户收入对其申请小额信贷的影响，刘西川等 2007 年的研究比较细致。他们发现从事种植业和外出打工的贫困户缺乏潜在的生产性信贷需求。对于分期还款的小额信贷产品，贫困户分期还款能力不足从而缺乏有效需求；即使某些贫困户有信贷需求，也会因分期还款能力不足而进行自我排除，放弃申请小额信贷（刘西川等，2007）。相比之下，一些富裕户从事非农经营活动，具有生产性信贷需求，并且他们可以满足分期还款的要求。至于杨凌农户收入对其申请小额信贷的影响将在下文农户使用小额信贷影响因素中一并分析。

4.1.2 利率

韩俊等（2007）认为农村金融市场利率是外生的，利率并不是影响农户借贷行为的主要因素。小额信贷机构存在与发展机制核心之一是"高利率筛选机制"，即用高于正规信贷机构与民间借贷利率的高利率形式甄别出目标客户，使非目标客户远离小额信贷业务（当然，也存在着一些小额信贷机构为了生存、非客户获取资金需要，出现的目标客户上移现象及其他新趋势，在此不作过多讨论）。随着市场的渗透与意识的改变，在目前中国农村信贷市场中，仍然存在着大量的资金需求。众多的实证研究表明了这一情况的存在。吴典军和张晓涛（2008）2006 年底对吉林、山东、江苏、湖南、湖北、甘肃、四川 7 个省进行了调查，获得 684 份有效农户问卷，其中东部、中部、西部样本农户的比重分别为 33.9%、32.7% 和 33.3%。在有借款需求的农户中仍然有 10% 以上的农户没有得到借款，因此小额信贷也未能弥补这一需求。在众多的农村金融约束中，利率与抵押、金融意识等诸多方面都构成了一定的阻碍。

针对农村信用社服务对象农户的调查中，以频率法描述不想申请小额信贷的原因发现，除去 38 份问卷空白之外，9 个选项共出现 72 次，出现频率最高的是第三项（利息太高）与第四项（额度太小），频次分别为 21

和20。可见，对杨凌农户而言，他们最为关注利息（利率），而高利率也成为他们申请小额信贷的主要障碍。面对这一现象，绝大多数小额信贷机构采用了不同的还贷模式，供农户选择，这大大提高了农户的积极性。但实际利率仍处于高水平。而作为小额信贷事业发展的核心机制之一，高利率状况不会改变。

大多数妇女发展协会采用了这样的方式：首先规定年利率范围，一般为10%～13%，并参照当地农村资金市场利率进行调整。其次规定半年期贷款月利率，一般在10‰左右。再次对优秀客户和贷款轮次2次以上的（多不含第2轮）客户实行优惠利率。对未到期提前归还的贷款，必须以小组为单位归还贷款：超出一季度而不满半年的按半年计息，超出半年而不满一年的按一年计息。产业村贷款和城镇个体创业贷款每年分十次归还，即自获得贷款满三个月之日起每月还款一次。拖欠贷款时，拖欠本金的利息将在原利率基础上提高1～3个百分点计取，作为惩罚和弥补贷款损失。也有一些机构对利率与还款的规定更为直观和简单，如把利息固定化，利息按年利率11%、月利率10‰计取，执行等额分四次归还。还款采取整贷零还，按季度归还、期限一年或半年，贷2000元按300元、400元、600元、700元还本，利息共计240元；每次还息60元。半年本息分两次等额还清。贷3000元按300元、600元、900元、1200元还本，利息共计360元，每次还90元，利息分四次等额归还。具体每次还款数额根据贷款数额、利息和还款时间确定[①]。

实践说明，虽然农户对利率的态度是否定的，即过高的利率会影响到他们申请小额信贷意愿，但通过培训与小额信贷知识的普及，这种操作方法效果是明显的。现实信贷产出大于其利率成本。对原有农户客户而言，新利率的变动情况更为农户所关注。在一定的高利率前提下，他们申请了小额信贷，并接受这种高成本的小额贷款，但并不意味着他们对利率不敏感。本文的调查数据证明：农户尤其关注利率的变动方向。所以从影响农户可持续申请小额信贷方面而言，保持利率的稳定性具有极为重要的意义。

---

① 本部分内容及本书有关内容多来自陕西省渭南市蒲城县妇女可持续发展协会与咸阳市淳化县妇女发展协会提供的资料及相关信息，对此一并深表谢意。

4.1.3　贷款条件

信贷条件一般是小额信贷事业最为关注的前期事项之一，是确定目标客户、考察目标客户的重要手段。相反，对信贷条件的要求也直接影响着农户的信贷可持续性。宽松的信贷条件会使更多农户申请小额信贷，严格的条件会一定程度降低申请积极性。因此平衡二者关系对小额信贷机构推广业务具有重要意义。

农村小额信贷机构具体信贷条件基本包括以下方面：贷款对象的界定、贷款范围的界定、贷款期限的界定等。以陕西省渭南市蒲城县妇女可持续发展协会贷款条件为例简要介绍。

（1）贷款对象：主要是城乡中低收入家庭的妇女（含下岗职工及进城务工、经商的农民）。通过小额贷款增加妇女参与经济和社会活动的机会，开阔眼界，提高其素质和能力，进而提高她们的家庭地位、经济地位和社会地位。有下述情况之一者不得进入审批程序：超过贷款最高限额的，信誉低和进入黑名单的，未成家者，年龄在60周岁以上者，丧失劳动能力、不从事经营项目者，从事高危险职业者（如机动车辆驾驶员等），拖欠本机构贷款的。

（2）贷款范围：辖区内从事农业生产、家庭养殖及小型农业加工业者，在农村及城镇从事小工商业、服务业的经营者。

（3）贷款期限：贷款期限分为一年期、半年期两种。

由蒲城县妇女可持续发展协会贷款条件可以看出，机构非常重视贷款者的潜在偿还贷款能力。这是中国小额信贷的核心发展机制的必然要求，既做公益又要同时谋求自身发展，同时排除非目标客户。

从农户意愿而言，希望把信贷条件放得更为宽松，但对宽松程度的把握直接与小额信贷的自身定位与可持续发展紧密联系于一体。笔者的调查数据也并未发现贷款的条件严重左右目标客户的选择。因此目前中国多数农村小额信贷机构所设定的信贷条件是符合实际，并且是切实可行的。

无抵押是小额信贷贷款条件的优势之一，因为对那些有潜在发展能力的农户而言，不一定能够提供相应抵押，但其从事的农业生产、家庭养殖及小型农业加工等却可以成为还款的有力保障。他们无法抵押即被排除在普通金融贷款之外，这为小额信贷提供了一定的空间。因此，5户自愿信誉联保的联保小组制成为农村小额信贷的重要突破之一。可以说，小组联保制的实现使得信贷条件对农户持续申请小额信贷的影响最小化。

4.1.4　信贷额度

从表4-2可以看出，被调查农户认为需要改善的地方是还款周期、金额、利率和贷款期限，尤其是贷款金额和还款周期；部分项目基层人员也持同样的观点。他们都希望适当增加贷款金额并延长还款周期。

表4-2①　　　　　　农户认为小额信贷应该改善的地方

最应该改进的地方	第一项	第二项	第三项
1. 金额太小	73	24	6
2. 贷款期限太短	36	14	2
3. 利率太高（加上小组资金、存款）	40	25	4
4. 贷款申请程序复杂	8	4	1
5. 经常开会太麻烦	16	10	4
6. 还款周期太频繁	80	18	2
7. 小额信贷发放贷款与农户使用贷款时间不一致	3	5	2
8. 组成小组困难	2	1	1
9. 其他	3	0	0
不需要改进	52	0	0

大部分未贷户明确表示不愿意借款，他们没有得到贷款并不是因为受到了信贷约束，而是小额信贷需求不足。尽管此处得出了贫困户需求不足的判断，但还很难解释清楚他们为什么缺乏小额信贷需求。因此，仍需进一步研究。

一般认为，信贷额度是农村小额信贷的优势也是软肋。"小额大量"对农户资金需求的满足是有效途径，这源于农户生产、生活及养殖等活动的小规模性。但"小额大量"大大增加了管理成本与人工成本，造成成本虚高，尤其随着农户生产规模的扩大，资金需求的增加无法得到满足，致使部分客户流失。

---

① 此表来自刘西川等2007年的文章《小额信贷的目标上移：现象描述与理论解释——基于三省（区）小额信贷项目区的农户调查》。

陕西省渭南市蒲城县妇女可持续发展协会贷款额度要求如下：（1）纯农业生产者初次贷款最高限额 3000 元，按时归还完本息之后，可逐年增加贷款，递增限额为 1000 元；客户贷款最高限额为 5000 元。（2）对守信用的客户，如有大专以上学生需要贷款，在获得生产常规贷款的同时，还可申请教育贷款 3000 元，但两项贷款的总额度不得超过 7000 元。（3）产业村农户创业贷款，最高额度为 5000 元。（4）上述各类贷款，均实行 5 户自愿信誉联保。（5）城市小额信贷初次贷款限额 5000 元，抵押信誉担保，对优秀客户连续贷款，年递增 2000 元，最高限额 8000 元。

咸阳市淳化县妇女发展协会对贷款额度的规定为：初次贷款最高限额为 2000 元，如果能合理使用贷款，并按时偿还本金和利息，可继续得到贷款。第二轮贷款最高限额为 3000 元，第三轮贷款可根据实际，但最高额度以不超过当地人均收入的 2 倍为宜。

可见，小额信贷机构均非常重视信贷额度的限定。相对而言，蒲城县妇女可持续发展协会的额度更高一些，并且两机构均提出客户可持续申请贷款的优惠政策。由于额度限制的严格性，许多农户的金额较大的资金需求无法得到满足。考虑到随着持续借贷情况的出现，借贷额度会随之增加（仍有限额），会一定程度上激励农户持续申请的积极性，解决存在的资金缺口问题。因此，农户的资金需求与持续借贷产生的博弈成为重要的一环。

从调查的数据来看，部分农户的意愿是把信贷额度提高，同时还款频率降低。但从目前小额信贷贷款限额制的运行来看，其成效显著，尤其是对小额信贷机制的维护与目标客户的锁定起了重要的作用。当然，对目前客户极度关注信贷额度的现象也不能忽视。随着小额信贷事业的发展，信贷额度会随之相应增加，但总体而言应视农村金融发展状况以及农户需求变化而定。这有利于减少信贷额度限制对农户持续申请小额信贷的负面影响。

4.1.5 资本间的博弈

农户申请小额信贷行为是农村中不同资本博弈的结果之一。各类资本博弈的结果直接影响到农户申请小额信贷的可持续性。资本类型主要有三大类：银行类金融资本、中小企业融资担保资本以及民间私人资本（民间借贷)。

银行类金融资本由于有较高的贷款要求,因此其主要客户群体为农村中的中上等收入农户。银行类金融资本为农户提供的贷款金额较大,因此对少部分低收入农户而言也具有较大吸引力。这部分农户成为小额信贷与银行金融资本间博弈的对象。中小企业融资担保资本是一种新兴的资本形式,并迅速发展。其目标客户主要是城镇与乡村中的中小企业,但并不排除为个人提供担保资本。这部分为个人提供的担保资本,针对的是有一定经济基础与实力的个人或家庭。因此对融资担保资本而言,农村中的中上层收入农户成为他们的主要客户。这部分客户与银行类金融机构几乎重叠,所以两种资本经常交织一体,即担保资本为农户提供担保,农户再以此担保完成向银行类资本的借贷。民间私人资本在农村中具有广阔的市场,由于金融调控影响,从银行金融机构获取资金成本增加,甚至无法从银行获得所需资金,造成了近两年民间私人借贷爆炸式发展现象。私人借贷既包括额度大的借贷关系,也包括额度较小的借贷关系。因此小额信贷与民间私人借贷的博弈长期存在。

银行类金融资本、中小企业融资担保资本以及民间私人资本在农村中与小额信贷资本博弈过程中,前者博弈占优则后者相对减弱,农户申请小额信贷的可持续性受到负向影响;同时,若后者在博弈中占优势,则三类资本则有市场份额让位于小额信贷,农户申请小额信贷的可持续性得以加强。其他章节对此作专门分析。

至于资本博弈方面,民间借贷对农户的信贷需求也有影响。民间借贷可以满足大部分农户的资金需求。刘西川等(2007)发现农户的最主要融资渠道是民间无息借贷,民间借贷对小额信贷有替代作用。两个主要原因影响农户选择民间借贷而不选择小额信贷机构借款:(1)借款不用付利息而且信贷方式方便灵活。(2)借款目的满足生活突发事件和大事,可以获得理解和支持(刘西川,2007)。笔者调研时发现,农户缺乏资金时首先选择亲戚朋友无息借贷,然后向小额信贷机构借贷。农户生产性融资找小额信贷机构,但生活性融资主要靠民间无息借贷。

4.2　农户使用小额信贷的影响因素

这里探讨的"使用"即内涵规范使用之意,更注意从申请意愿到获得

使用之间联系的动态分析，与申请的可持续性影响分析相比较更强调宏观性与系统性。前文已经介绍，适当拓展后的规范使用研究主要涉及三大方面。

4.2.1 小额信贷机构的监督

一般而言，小额信贷机构会对农户如何使用资金及资金产出进行跟踪，这一外部监督有利于借贷农户按约定要求使用资金（一般主要用于农业生产、养殖和商业经营）。小额信贷机构的监督主要包括如下内容：

首先是来自外部的监督，包括秘书处、秘书长办公会议、行政办公室（发展部）、信贷监管部、财务部和乡镇办事处（信贷员）。其监督路径图（职能）如图 4 - 1 所示。

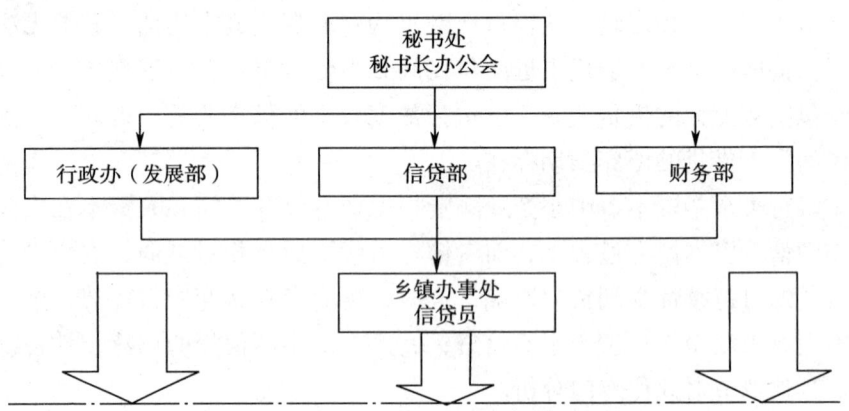

图 4 - 1　蒲城县妇女可持续发展协会监督路径图

秘书处是机构业务日常管理机构，在理事会领导下开展工作，对理事会负责，管理小额信贷的日常运行，编制发展规划和年度工作计划，招聘乡镇办事处工作人员，监督指导乡镇办事处工作。

秘书长办公会议由机构秘书长、信贷部主管、财务部、行政办公室（发展部）等参与，由秘书长负责定期召开，主要安排协会日常管理工作和议定协会重大问题；负责建立和修订协会各项管理制度；负责提出协会年度工作计划建议及年度核算办法建议，提交理事会通过后并组织实施。

行政办公室（发展部）是机构的综合协调部门，负责协会的文秘工作和办公建设，协助秘书长做好对外联络及接待工作，兼管发展部工作。

信贷监管部主要职能为按照协会信贷管理制度、操作指南及财务管理手册等管理和监督协会的日常工作。

财务部是按照协会管理制度及财务制度进行信贷资本的营运、核算和财务管理的部门。其职能是协助信贷监管部编制协会的商业计划，指导、检查和监督各分支机构的财务状况，并加强机构财务、信贷管理系统的协调控制、监督和建设。

乡镇办事处（信贷员）是协会的派出机构（工作人员），向县协会负责，接受秘书处的领导，负责本辖区小额信贷工作，包括小额信贷市场需求的基础调查、宣传、培训，客户资格审查，贷款发放、贷款使用监督，贷款回收、追偿以及其他秘书处交办的事项。其中，信贷员对农户的回访，也对农户规范使用小额信贷资金进行一定的监督。蒲城县妇女发展协会规定每位信贷员每月必须回访自己10%的客户，了解客户经营状况和需求，帮助客户分析解决问题，顺便督促按时归还贷款资金。

乡镇办事处另一职能是内部监督，包括客户中心和客户小组（客户联保小组）。客户中心由若干个贷款小组组成，是在同一行政村内的客户自治组织。中心主任由各小组民主推举，机构秘书处考察认可，予以聘用。客户小组是小额信贷最基本的活动单位，是贷款者形成互相帮助、互相监督、互相担保的自治组织。小组长由小组成员民主选举产生。中心主任一般是村中比较有威望和信誉的人，他对农户使用和归还贷款起到无形的小组外部监督作用。而小组长是贷款农户之一，为了自身利益和团体利益监督他人，起到较好的小组内部监督作用。

外部监督由机构主要组织完成，其职能的发挥实现对农户使用资金的监督；内部监督主要来自客户自律与相互监督。二者的结合在实践中证明是一种有效的监督形式。小额信贷机构监督的有效性是借贷农户规范有效使用资金的重要保障，因此对任何小额信贷机构而言，健全与完善机构组织，推进来自机构的外部与内部监督建设是其可持续发展的重要环节。

机构监督的有效性随着小额信贷事业发展，尤其是农村对小额信贷需求的变动而遇到挑战，因此需要依据现实情况对机构监督进行完善与调整。以保证农户对资金的正规与有效使用。

4.2.2　农户的经济条件

农户的经济条件包括家庭资源占有情况及家庭收支情况两大类，二者

左右了农户申请小额信贷的额度要求及使用可能。下文以笔者采集的数据进行分析。

首先是家庭资源占有情况影响分析。笔者主要选取了三个变量进行考察：土地、耐用消费品价值和在政府或金融机构中的亲友人数（以下简称亲友人数），三个变量代表着土地资源、现在的经济实力及可借助的政治与市场资源。考虑变量性质，三变量均为定距变量，而"是否申请小额信贷"是名义变量，所以其相关性不能直观反映，选取交叉表进行分析（SPSS17.0 软件包），首先选择 Eta 值检测组间差异。Eta 值分别为 0.502、0.534 和 0.221，即因变量受到三者的影响所产生方差的比例。结果显示，三者与因变量间形成的交叉组间有较大差异，存在着一定的关联，对是否申请小额信贷产生了一定的影响。相关分析进一步检测，因为三个因变量和自变量可看做顺序变量处理，运用 tau-b 进行分析。输出结果如表 4 - 3 所示，发现家庭中耐用消费品价值与是否申请小额信贷呈显著相关关系（显著性水平为 0.05，相关系数为 - 0.248），表明家庭中耐用消费品价值大的家庭在过去两年内申请小额信贷的比率较大。其他两变量没有显著影响。通过以上分析可得出如下结论：

表 4 - 3　　　　　　　　　　相关性检测

Kendall 的 tau-b（B）检测		是否申请过小额贷款	耕地面积（亩）	耐用消费品价值（万元）	政府或金融机构亲友人数
是否申请过小额信贷	相关系数	1.000	0.057	- 0.248 *	0.125
	Sig.（双侧）	—	0.574	0.017	0.251
	N	77	73	69	77
耕地面积（亩）	相关系数	0.057	1.000	- 0.074	0.063
	Sig.（双侧）	0.574	—	0.417	0.503
	N	73	76	67	76
耐用消费品价值（万元）	相关系数	- 0.248 *	- 0.074	1.000	0.058
	Sig.（双侧）	0.017	0.417	—	0.552
	N	69	67	71	71
政府或金融机构亲友人数	相关系数	0.125	0.063	0.058	1.000
	Sig.（双侧）	0.251	0.503	0.552	—
	N	77	76	71	80

（1）无论耐用消费品作为申请小额信贷的后果或者成因，都体现了申

请小额信贷农户的一种消费趋势，即小额信贷的使用与耐用消费品间存在着一定联系。

（2）一般而言，土地面积、在政府或金融机构的亲友人数与是否申请与使用小额贷款间不存在显著相关关系，但并不是说二者没有关联性，Eta值显示了二者的关联性不可否认。

其次是家庭总体收支情况影响分析。在对"总收入"、"农业收入"和"非农业收入"三个定距变量的相关分析中（Pearson 系数），前两者呈显著相关关系（显著性水平为 0.05 时），Pearson 系数为 0.252。其他的相互之间都没有显著相关关系。这表明，农户的农业收入仍在很大程度上决定着总收入水平。在年收入大于 5 万元的 23 家农户当中，有 21 家存在着非农业收入，占 91.3%。在 29 家总收入小于 3 万元的农户当中（其中 0.15 万元、0.18 万元、0.3 万元、0.5 万元、0.8 万元的农户各一户），有 17 家存在着非农业收入，占 58.6%。说明对较高收入的农户而言，较普遍地存在着农业之外的其他收入。对低收入家庭而言，非农业收入也显得十分重要。再对 40 户申请贷款的农户进行统计，共有 27 户存在着非农业收入，占 67.5%。由此可得到以下假设命题：（1）收入较低层次的农户需要贷款支撑，并在一定程度上与他们的非农经营相关联，这一情况加大了他们对小额信贷的关注，并促使他们申请贷款，并把资金用于其约定内容。①（2）收入较高的农户基本都有非农经营，表明市场意识较强，这成为他们申请与使用小额信贷的主要动因。

多数农村小额信贷机构在报名审查、资格初审、组建小组、贷款申请和贷款审批环节均严格控制申请农户的经济条件，一般而言必须达到基本要求方可进入施贷程序。对经济条件的确认主要通过三种渠道：一是年收入，二是家中资产情况，三是目前从事农业、商业情况。在现行小额信贷机制中效果明显。

总体而言，经济条件对农户对小额信贷的申请与使用有着复杂的影响，这需要从具体实践中进行分析。随着中国小额信贷事业的发展，机构对此的重视程度也在不断提高。

---

① 从数据中可知，这部分农户有一定的收入来源，有能力偿还，应在信贷机构风险接受范围之内。这决定了他们恰恰为国家社会保障资金与小额信贷共同作用的群体。由于本书只针对数据资料讨论 W 镇的信贷情况，所以不作过多延展论述。

4.2.3 农户所处的金融环境

由于农村中交通受限很大（尤其那些偏远山区），所以"与小额信贷机构的距离"成为农户接触小额信贷的机会、申请小额信贷的成本以及使用小额信贷的用途的重要影响因素。另外，农村中是否有特色产业直接影响着资金申请积极性以及如何使用资金。所以本部分主要通过对"是否有特色产业"和"与小额信贷机构的距离"的考察来分析其所处的金融环境。

由于"是否有特色产业"为名义变量，选用相依系数进行检测，发现Sig. 值为 0. 615（相依系数 = 0. 058），说明二者没有显著关系，且特色产业对是否申请小额信贷产生的影响力极小。与贷款机构的距离分布为：54户分布在距贷款机构 3 公里以内，21 户分布在距贷款机构 3 ~ 6 公里，5 户分布在距贷款机构 6 ~ 10 公里，不存在分布在距贷款机构 10 公里以上的。根据变量性质，采用 Kendall 的 tau-b 系数检测相关性。发现显著性水平为 $P = 0. 006 < 0. 01$，二者显著相关，tau - b 系数为 0. 307。说明农户距离贷款机构越近，越倾向于申请贷款。由此可形成以下假设命题：（1）虽然特色产业并未对信贷情况产生明显影响，但按已有的研究与实践成果，其必将推动农户的市场意识与信贷行为（李莉莉，2005）。（2）在杨凌地区表现出的信贷行为与距贷款机构距离间的显著相关关系，为农村信用社等专门服务于农户金融的机构扩大农村金融服务网点提供了有力依据。

再检测申请贷款与总收入、农业收入与非农业收入间的相关关系，发现显著性水平均不符合要求。进一步对已经检测过的成显著关系的变量（耐用消费品价值与农信社的距离）进行相互间的相关检测，二者相互间不存在显著相关关系（以定距变量进行检测，$P = 0. 281 > 0. 1$，Pearson 系数 – 0. 130）。由此排除二者间可能存在的共线性。依"是否申请贷款"（取值为是或否）变量的性质，我们选择 SPSS17. 0 软件包中的二元回归分析尝试解读两个自变量对因变量的解释能力。

以显著水平 $P = 0. 05$ 为选入和剔除标准。假设 y_i 是取值为 0、1 的因变量，$i = 1$、2、3、$\cdots$、k，$y_i = 1$ 表示农户申请过小额贷款，$y_i = 0$ 表示农户未申请过小额贷款。设 $y = 1$ 的概率为 p，则 y 的分布函数为

$$f(y) = P^y(1 - P)^{(1-y)}; \quad y = 0, 1 \tag{4.1}$$

根据二分因变量的性质，可得出农户申请过小额信贷的概率为

$$p(Y = 1 \mid x_1, x_2, \cdots, x_k) = \frac{\text{Exp}(\beta_0 + \beta_1 X_1 + \beta_2 X_2 + \cdots + \beta_k X_k)}{[1 + \text{Exp}(\beta_1 X_1 + \beta_2 X_2 + \cdots + \beta_k X_k)]}$$

$$(4.2)$$

式中：k 为变量因素编号；β_0 为回归截距；β_k 为影响因素的回归系数；X_k 为自变量。那么可以进一步得出事件发生的概率比（优势比 OR）为

$$OR = p(y) / [1 - P(y)] = \text{Exp}(\beta_0 + \sum_{k=1}^{n} \beta_k X_k) \qquad (4.3)$$

进行 Logit 转换后，得到 Logistic 回归的一般方程为

$$\text{Logit}(p) = \beta_0 + \sum_{k=1}^{n} \beta_k X_k \qquad (4.4)$$

在案例汇总处理中，缺失案例 11 个，未选定案例为 0；因变量的原数据编码分别为 1 和 2，转化为统计分析编码 0 和 1。在分类表中（如表 4 - 4 所示）显示了在没自变量而只有常数项时，正确预测的百分率为 50.7%。在单因变量分析中（如表 4 - 5 所示）可见，在 0.05 的显著性水平下，两个自变量与因变量之间具有统计学意义，这与前面的考察相符。

在两个变量进入模型后，其总得分为 9.035，自由度为 2 时的显著性水平为 0.011，说明模型全局性检测具有统计学意义。模型系数的全局性检测中，显著性水平相同，均为 0.006，符合统计学意义要求。

在 Hosmer—Lemeshow 模型拟合优度检测中，显著性水平为 0.834（卡方值为 3.512），表明预测概率获得的期望频数与观察频数之间差异无统计学意义，即模型拟合较好。最终得到进入方程中的变量信息（如表 4 - 6 所示）。

在显著性水平为 0.05 时，"距金融机构距离"变量具有统计学意义，而"耐用消费品价值"变量失去统计学意义。家中耐用消费品价值低的农户相对于家中耐用消费品价值高的农户更不倾向于申请小额信贷（B = -0.202），而距离金融机构近的农户比距离远的农户更倾向于申请贷款（B = 1.002）。这与我们先前的分析相一致。

Exp（B）表示每个自变量对应的优势比 OR，可见：耐用消费品价值低的农户申请贷款与不申请贷款的比率是耐用消费品价值高的农户申请贷款与不申请贷款比率的 0.817 倍，在 95% 的置信水平时的置信区间为 [0.651, 1.025]；距离金融机构近的农户申请贷款与不申请贷款的比率是

距离金融机构远的农户申请贷款与不申请贷款比率的 2.742 倍，在 95% 的置信水平时的置信区间为 [1.049，7.071]。一般方程为

$$Logit(P) = -0.861 - 0.202 \times 耐用消费品价值 + 1.002 \times 距金融机构距离$$
$$(4.5)$$

可见，使用的方程对原模型的代表性较好（拟合优度较好），即这两个变量基本决定了申请小额信贷行为；"距金融机构的距离"变量在方程中起着决定性的作用。由此可形成以下假设命题：（1）作为小额信贷推广试点镇，W 镇农户的生活（以自行车为主，交通不便）、生产情况（传统的农业经营理念为主，市场化观念多在较富裕农户中流行）决定了对他们申请贷款产生影响的特定因素。（2）对杨凌农村信用社的发展与规划而言，应充分重视对农户的相关信息传递，健全服务网点建设。

表 4 - 4   分类表[a,b]

已观测	已预测		
	是否申请过小额贷款		百分比校正
	1	2	
是否申请过小额贷款 1	0	34	0
2	0	35	100.0
总计百分比			50.7

注：a. 包括常量；b. 切割值为 0.500。

表 4 - 5   单因变量的分析结果

	得分	df	Sig.
变量　耐用消费品价值（万元）	4.562	1	0.033
距金融机构距离	5.583	1	0.018
总统计量	9.035	2	0.011

表 4 - 6   单因变量的分析结果

	B	S. E	Wals	df	Sig.	Exp (B)	Exp（B）的 95% C. I.	
							下限	上限
耐用消费品价值（万元）	-0.202	0.116	3.061	1	0.080	0.817	0.651	1.025
距金融机构距离	1.002	0.487	4.237	1	0.040	2.724	1.049	7.071
常量	-0.861	0.733	1.380	1	0.240	0.423		

针对以上结果，再从农户对小额信贷的接触情况进行分析，因变量选定为"是否听说过小额信贷"，根据前文进行的相关分析，进一步检测选取自变量。"是否村干部"变量在前文的分析中以显著水平取的0.1，在0.05水平下不显著，所以在此剔除。除了"文化程度"变量外（前文已经讨论），"总收入"与"非农业收入"两变量也与因变量呈显著相关关系（P分别为0.005与0.006，tau-b系数0.279与0.321），同时，二者之间也呈显著相关关系，为了排除共线性，取二者中与因变量相关系数更大者（0.321）进行保留，剔除"总收入"变量。最后以"文化程度"和"非农业收入"两变量进入方程。但对单因变量分析时发现，各因子得分太低（1.820，0.133），显著性水平无法达到要求（0.177，0.715，均远大于0.05），无法构成总得分。因此模型全局检验不具有统计学意义。说明还需要从W镇的具体情况再加以深入的研究。

通过分析可见，对杨凌农村信用社而言，以这两个变量建立起的模型不能代表原模型表达的农户对小额信贷的真正接触与申请使用等信息，但二者产生的影响不可否认，即"是否有特色产业"和"与小额信贷机构的距离"对农户申请与使用小额信贷的关系是复杂的。这在某种程度上也代表了农村信用社开展小额信贷业务的现状。

总体而言，W镇中农户的技能与当地产业没有得到杨凌农村信用社小额信贷的有效支持。突破这一瓶颈，除了农村信用社加大宣传外，还要采取相应的措施激发农户的市场意识，让他们的专长与特色产业得到资金支持，获得更大的收益。反之，收益的增加又会提升他们的市场意识，进而提升信贷意识。特别要重视低收入农户的市场意识的培养与调动，给予他们足够的资金支持，同时充分发挥高收入农户的示范带头作用，因地制宜，最终突破金融排斥现象（何广文，1999）。

目前众多农村小额信贷机构对金融环境愈发重视，针对农村中的特色产业重点予以信贷支持，同时加大主动服务意识，备置专门车辆对农户进行跟踪服务。这大大减少了农村中以"产业特色"与"距离问题"产生的对申请与使用小额信贷的负面影响。

4.3 农户归还小额信贷的影响因素

影响农户归还小额信贷资金的因素主要有农户项目状况、机构制度设

定和贷款产出。

4.3.1 农户的项目状况

农户申请小额信贷用途可分为农业生产、养殖业和商业经营三大类。而这三大类小额信贷运用的主要项目直接影响着资金的归还状况。农业生产的资金投入有较强的时间性，即农业生产时期资金投入多，平时较少，农作物收获时期是转化为资金的时期。这种明显的时间性也影响着归还信贷资金的时间要求与可能。养殖业中种类较多，有些养殖业也有较强的时间性，如皮毛动物养殖，一年当中大多数时间投入，收入却集中于很短的时间段中。也有一些投入与收入同时存在，如奶牛养殖。因此，对时间性强的养殖业而言，农户不希望按期归还小额信贷资金，而是希望一次性还清；那些收入为平均化的农户则对还款的具体时间并不在意。商业经营由于收入的分散与不固定性，更多时候会以资金成本来考虑还款时间。

另外，农户以小额信贷资金所经营的项目的运营情况直接决定着其是否能按约定要求还款。运营情况以直接的信贷产出为主要表现。

4.3.2 机构制度设定

对农户而言，小额信贷机构设定的各类操作规范与制度要求主要集中于两点：一是对申请贷款条件的规定，二是对还贷时限与方法的规定。一般地，各类农村小额信贷机构均以制度方式设定相关政策，以保证按时归还贷款。相关的保障措施涉及方面包括贷款预报、贷款审核、贷款审批、贷款发放、会员会费、退出、开除、档案管理、贷款管理等，尤其体现在贷款操作流程的后半部分。下面对陕西省渭南市蒲城县妇女可持续发展协会有关制度内容加以简要介绍。

（1）报名审查阶段。首先，定位客户选择标准：符合贫困户的条件标准，人均年收入1400元以下；有劳动能力、有一定经营头脑和技能，本人积极肯干；遵纪守法、信誉好；借款客户以20~60周岁的当地常住女性居民为主。其次，妇女群众选准家庭创业项目后，自愿报名，并向协会提出书面申请。推广员根据个人申请和客户选择标准，对提出申请贷款的贫困妇女调查后，填写借款农户调查表，掌握借款妇女家庭经济状况，根据创业项目资金需求还款能力等确定拟贷款额度。这样就对目标客户进行了有力筛选，同时为借贷农户按时归还贷款提供了最基本的保障。

（2）资格初审阶段。经信贷员确定的客户在正式获得贷款之前，必须经过协会秘书处工作人员及小额信贷管理系统软件的验证审查。协会秘书处（或其下属的分支机构）可以视客户记录和工作需要对借款人反映的情况进行随意抽查。经过协会秘书处审查合格的客户方有资格组建联保小组。信贷使用后可归还能力的评估是资格初审阶段重要内容之一。

（3）组建小组阶段。建立基层网络组织，经过资格初审的贫困妇女在自愿的基础上，每5人组成一个联保小组，选举小组长。3～10个小组组成一个中心，每个中心设一个中心主任，中心主任由本中心的全体成员在小组长中选举产生。直系亲属不能在同一个小组，但是可以在同一个中心。小组联保及小组中心的成立和有效运行保证了款项的安全性，是实现农户按时还贷的重要保障。

（4）小组培训阶段。对符合条件的小组进行客户培训，培训内容主要是贷款纪律、贷款事项和有关规定，包括贷款额度、还款方式、利率、本息收取办法、成员间的连带担保责任、小组长职责等。这是小额信贷有效运行的重要一环。

（5）贷款申请阶段。小组、中心组及贷款申请在信贷员审定后，由推广员以书面形式向协会提交关于成立中心组和发放项目借款的申请书，连同借款农户调查表及贷款申请审批表，报协会审查。以正规手续确认贷款农户资质以及贷款使用方向等相关事宜，也是保障资金按时回流的重要环节。

（6）贷款审批阶段。协调员审核确认小组及中心的手续符合相关要求，并经审核员入户抽查审核，出具审核报告，连同所有借款资料送系统管理处进行系统验证，之后再送业务主管审核，最后报秘书长审批。然后由信贷主管确定放款时间，并进一步确认资质，保证安全性。

（7）签署贷款合同与发放贷款阶段。信贷员根据审批确定的内容签署贷款合同及客户手册，负责验证客户身份证件，秘书处派两名员工参与并监督贷款发放的全过程。贷款发放必须在中心会上公开进行，确保透明放款。

（8）追踪监控阶段。信贷员对所管辖区域的信贷资金负责，要及时对发放给农户的资金进行追踪监控。所贷资金一个月内不能用于申请的创收

项目时，要查明原因，督促其尽快用于创收项目，否则，退回贷款。切实保证资金用于约定用途，保证按时还贷。

（9）客户回访阶段。信贷员每月至少回访10%的客户，监督客户项目执行情况，发现资金可能出现的风险，及时与客户沟通，以避免风险发生。同时对客户的意见和建议进行快速回应，确保客户项目效益最大化。监督资金用途，促进效益最大化，减少潜在风险。

（10）及时收款阶段。信贷员按照规定的时间和地点在中心会上以小组为单位进行收款。填好客户还款手册，记录好台账，并在当天在就近的信用社系统营业部门把所取资金如数交入协会账户。做到款项回收公开透明，对所有客户起到示范与警示作用，有利于农户按时还贷。

（11）处理拖欠阶段。如有拖欠情况的发生，信贷员应该尽量在收款当天解决：充分发挥小组联保的作用，由小组其他成员偿还；请乡镇政府和村委会利用行政力量协助解决；逐级上报领导和其他同事帮助解决；暂不给该组成员发放新一轮贷款；对于拒不还款者，要按借款双方签署的合同依法起诉。

对相关政策无法起效时，即采用这种多管齐下的方式，以综合手段保证客户按时还贷。这种综合制度模式在实践中证明是有效的。协会截至2010年12月底，累计发放贷款1770万元，累计涉及客户9030户。现有贷款余额419.2万元，有效贷款客户2099户。贷款涉及10个乡镇、60个行政村、228个客户中心、474个客户小组。有效客户中妇女客户2040户，占客户总数的97%；农村客户1809户，占客户总数的86%；城镇下岗工人51户，占客户总数的2.4%。六年多来，客户还款率始终保持在100%，风险率、逾期率均为零。

从农户角度而言，他们倾向于更宽松的还款限制，越严格的还款限制越容易对农户申请小额信贷的可持续性产生负面影响。但这种影响目前尚不明朗，相关研究也并不多。针对这一状况，多数小额信贷机构使用一年期、半年期两种方式贷款期限，以增加农户的自由选择性。还款方式主要有以下选择，如表4-7所示。

表4-7　　　　　　　　　　农户还款方式

还款方式	逐季归还	逐季归还	从第三个季度开始按月分十次归还	逐季归还
还款次数	四次	四次	十次	四次

4.3.3　贷款产出

小额信贷产出包括社会效益产出和经济效益产出。此处贷款产出指的是经济效益产出，即农户以申请到的小额贷款投资约定事项的成果。一般而言，如果农户申请小额信贷的成本和收益没有达到预期，或者预期小于成本，他们会考虑更换资金渠道或者谋求其他出路，从而影响小额信贷的可持续申请与款项的归还。总体而言，小额信贷机构在完善的机制作用下，可以监控农户的收益与产出。这从具体数据方面可以体现。2010 年，陕西省渭南市蒲城县妇女可持续发展协会累计为全县 9030 户贫困妇女提供没有抵押的小额贷款服务，发放贷款 677.3 万元，涉及 10 个乡镇；种植业 7434 户，养殖业 1212 户，经商 96 户，累计 1769.75 万元。农村妇女创收贷款占协会贷款投放额的 97%，城镇妇女创业贷款占协会贷款投放额的 2.6%。一年来，协会累计为贫困妇女人口提供没有抵押的扶贫小额贷款 2099 笔，比上年同期增长了 26%；发放贷款 677.3 万元，比上年同期增长了 55%；新增客户 960 户，比上年同期增长 80 户，增长了 9%；贷款余额 419.29 万元，比上年同期增加 159.55 万元，增长了 61%。数据表明，在客户数量及贷款使用额方面的增长表示了信贷产出处于良性状态。这对信贷资金的按时归还起着重要保障作用。收益的增加成为按时归还贷款的前提与基础。

对多个机构的调查显示，能够按时还款的农户一般有着固定的做法，即把赚到的第一笔钱存起来以用来按期还款，这就保证了贷款收益与按期还款之间的对应关系。因此，对小额信贷机构而言，帮助农户提高贷款产出、增加收益对保证农户按时还款意义重大。

综上所述，需求者持续申请小额信贷、规范使用小额信贷和按时归还小额信贷除了需求者的自身因素和外部金融环境的影响，最主要的还是机构的制度规定约束和机构工作人员的监督。这样机构的效率也影响需求者的行为，机构效率尤其是同组人员的工作效率直接影响需求者的需求信贷行为。

4.4　小额信贷需求可持续与效率的关系

本书认为小额信贷需求可持续的影响因素主要有农户素质、农户经济

状况、农户社会关系、农户的金融环境、农户的项目状况、农户的产出状况，小额信贷机构各项制度规定以及资本间的博弈。小额信贷机构各项规章制度主要由工作人员执行，所以工作人员的素质和工作人员的忠诚度也对小额信贷需求可持续发展有影响。这里农户素质、农户经济状况、农户社会关系、小额信贷机构制度、工作人员的素质和资本间的博弈会影响农户是否申请小额信贷。工作人员的有效宣传和合理引导，可以激发农户尝试小额信贷的勇气和信心。而农户经济状况、农户的金融环境、小额信贷机构制度、工作人员素质和工作人员忠诚度影响农户使用小额信贷资金。工作人员监督农户资金使用情况，如果忠诚度高，势必以机构的利益为重，认真负责工作。工作人员素质高，可以从客户回访中发现农户的逆向选择倾向，及时制止。农户项目状况、农户的产出、小额信贷机构制度、工作人员素质、工作人员忠诚度影响农户归还小额信贷资金。工作人员的忠诚度决定其贷款回收工作的积极性和热情，工作人员素质决定其回收贷款工作的能力和防范农户道德风险能力（庞瑞芝等，2010）。当然，这里面有些交叉的因素，说明这些因素非常重要，影响小额信贷资金使用过程始终。

这些因素中一些是农户的原因，一些是机构的原因，一些是外部环境的原因。农户方面的因素受农户经营效率影响。农户经营效率高，资金利用率高，还款及时，收益增多。机构方面的因素受机构的管理效率影响。机构对工作人员的科学管理（即管理有效率），包括提高工作人员素质、培养工作人员忠诚度，都对农户申请、使用和归还小额信贷资金有一定影响。外部环境方面的因素受农村小额信贷市场效率影响。资本间的博弈影响农户使用小额信贷资金。各个分市场有效率，也可以促进农户小额信贷市场有效率。

4.5 本章小结

本章首先定义了小额信贷需求可持续发展，认为它包含需求方持续申请小额信贷、需求方规范使用小额信贷和需求方按时归还小额信贷三个方面。以农户为主，并从农户申请小额信贷、使用小额信贷、归还小额信贷三个方面分别分析其影响因素。发现影响农户申请小额信贷的因素有五个，影响农户使用小额信贷和归还小额信贷的因素各有三个。除了自身的因素和外部金融环境因素，机构的制度、工作人员的素质和忠诚度及监督约束成为影响农户信贷需求可持续的重要因素。这些影响因素中各自都受到效率的作用，效率成为影响小额信贷需求可持续的潜在因素。

第五章 中国农村小额
信贷供给与需求均衡分析

中国农村市场，信贷供给不能满足信贷需求已经是不争的事实。中国长期以牺牲农业来支持工业发展的政策导致农村落后、城市繁荣的局面，出现农村成为城市"吸储器"、"提款机"的金融现象。大量的农村储蓄资金从农村流向城市，支持城市建设和发展，而农村则因缺乏金融供给而日益没落。随着国家重视农村发展，提出以工业反哺农业、以金融支持农村发展，农村金融供给逐渐增多。新型农村金融机构从试点到推广，形成遍地开花之势。这极大地缓解了农村金融供应不足的矛盾，也给小额信贷带来了发展的契机。

农村小额信贷市场中需求者较多，同时有较多资金供给者。需求者和供给者构成小额信贷市场的主体，开展小额信贷业务。小额信贷市场的供求双方影响其均衡发展。即使在农村经济相对发达的地区也存在小额信贷需求，原因是一般金融机构信贷交易成本过高，因而其体制意义在于降低了借贷双方的交易费用（梁山，2003）。这表明了农村小额信贷需求的旺盛及机制特点。

5.1 农村小额信贷需求者及其特征分析

中国农村小额信贷需求者数量巨大（何广文，2008）。2006 年，中国农村存在 3.7 万个乡镇，有 7.4 亿乡村人口和 2.49 亿农户，这是一个庞大的市场。农村小额信贷市场需求者主要为农户和农村型小企业。农户的资金需求巨大，根据何广文和李莉莉（2005）在贵州的调研，84% 的农户有信贷需求。2006 年底乡镇企业（农村小企业）达 2314.47 万个，资金需求旺盛[①]。农户是小额信贷的主要需求者。农户数量众多，对资金的需求比较迫切，总体资金需求量较大。农村小型企业是次要需求者。因为农村大

[①] 数据来自何广文 2008 年发表在《西南金融》上的文章《中国小额信贷需求分析》。

型企业所需资金额度较大，小额信贷很难满足其资金需求。农村小型企业一般具有规模小、资金少、手工操作等特征，一般都为农户自己发起的有形或无形经济组织，农户是主要经营者与参与者。总体而言，农户是农村小额信贷的最主要需求者。本研究主要以农户为主进行分析，在案例中简要分析农村小型企业。

5.1.1 农村小额信贷需求者分析

农户的信贷需求受其自身性质影响。研究农户的小额信贷需求及需求满足状况要分析农户的生产经营性质。对农户的研究绕不开三个命题（张杰，2004）：第一个命题是"舒尔茨—波普金"命题，也就是"理性小农"命题（张杰，2005）。该命题认为小农是理性的企业单位，追求利润，按理性的投资原则行事。第二个命题是"道义小农"命题（张杰，2004），即"生存小农"命题（张杰，2005）。该命题认为小农坚守安全第一原则并谋求生存取向。第三个命题是美籍华裔经济学家黄宗智的小农命题（该命题 1985 年形成，1990 年成熟）。该命题核心是小农经济半"无产化"和"拐杖"逻辑（张杰，2005）。黄宗智 1990 年在解释这个命题时提出一个等式：小农收入 = 家庭农业收入 + 非农收入。他认为中国的小农经济不能够解雇剩余劳动力，也不能够产生无产、雇佣阶层。这种情况下，即使从事农业生产无法解决温饱，小农也不愿割舍土地、宁愿挣扎在生死线上也不愿成为真正意义上的雇佣劳动者，这被黄宗智称为"半无产化"（张杰，2005）。这样大量剩余劳动力仍然依附在土地上，从而导致中国小农经济"过密化"（张杰，2004）。由此，小农的家庭收入就由家庭农业收入和非农佣工收入组成，农业收入为主，非农收入为辅（起到"拐杖"作用）（张杰，2004）。在中国中西部地区，这种现象比较普遍。即使在东南沿海地区，非农收入已大大超过农业收入，也改变不了"拐杖"的角色。由于农户的生产特征及其生产、生活理念，信贷在农户生产、生活中的地位也就显而易见。

小额信贷的需求者农户主要有贫困农户、低收入户、中等收入户和富裕户。这几类农户对小额信贷需求程度不同，对小额信贷的态度也不相同。贫困农户的信贷需求由民间借贷满足，因为不需要支付利息，没有固定还款期的限制（程恩江和 Abdullahi D. Ahmed，2008）。贫困农户抑制了自身的小额信贷需求，更可能自动将自己从小额信贷市场排除，因为自身还款能力低（程恩江和 Abdullahi D. Ahmed，2008）。而 Boucher 等 2005 年的研究也有类似结论：贫困人口会因为高昂的交易成本而将自身排除在小额信贷市场之外（程恩江和 Abdullahi D. Ahmed，2008）。更进一步，贫困户和部分低收入农户由于生产性信贷需求不足对现有的小额信贷产品缺乏有效需求（刘西川等，2007）。这样小额信贷实际上偏离其目标客户——贫困农户，偏离了给贫困群体平等的信贷权以信贷改善他们生活状况的目的。最富裕农户即最高收入的信贷需求多由农村信用社满足，对他们而言非政府型小额信贷的总体成本较高。Park 和 Ren 2001 年的研究发现非政府组织型小额信贷一般排除了最富裕的农户（制度的作用），但是合乎要求的农户中，富有农户（中等偏上农户和富裕偏下农户）同样可能参与小额信贷（程恩江和 Abdullahi D. Ahmed，2008）。这样小额信贷的客户群体主要为低收入户、中等收入户和一些富有农户。而且刘西川等（2007）的研究发现，非政府型小额信贷的目标客户已经从低收入户、中等收入户上移到富有农户和部分富裕农户，中等收入户和中等以上收入户是小额信贷的主要受益者。因为富有户和部分富裕户从事非农经营有较强的非农生产性信贷需求，需要小额信贷的资金（刘西川等，2007）。这些富有农户和部分富裕农户经常有现金收入，可以满足定期还款的要求（程恩江和 Abdullahi D. Ahmed，2008）。其他类型农户的收入主要靠农业生产和外出打工，他们的非农经营上的投资机会非常少（程恩江和 Abdullahi D. Ahmed，2008）。

由上可知，农户的性质及收入状况对其借贷尤其是小额信贷需求有较强的影响。我们选取了 163 户蒲城县妇女可持续发展协会的客户农户，对其特征进行了简要归纳。在 163 个案例当中，女性贷款人占绝大多数，共161 人，男性贷款人只有两人，体现了该机构贷款在性别方面的倾向性。从年龄结构分析，50 岁以上的有 52 人，约占 32%；30 岁以下的 21 人，约占 12.9%；30~50 岁的约占 55%，是该机构贷款的最主要客户。从学历分析，这些贷款人小学及以下学历的共 44 人，其余均为初中及其以上。其中初中学历者最多，达 111 人；高中学历的 4 人，大专学历的 2 人。可见，他们的总体学历较低。从家庭劳动力的构成看，劳动力绝大多数在 2人及 2 人以上，1 人的只有一户。而家庭人口数也以多人模式为主，刚成家立业的家庭，即两口之家的数量为 18 个。这些家庭一般起点较低，男方和女方在结婚的时候，家庭给予的经济支持不多。同时，这些家庭也显示出了致富的欲望，有通过自己努力致富的强烈愿望。从这些农户的经营构成看，他们在贷款时经营较为单一，以种植业为主的农户占了绝大多数。同时有一部分农户从事奶牛养殖业，共有 21 户，而这些农户总体收入要稍高于单纯的种植业户。我们发现，在该机构的农户调查表中，格外注重对房屋的估价以及家电的种类和估价信息的收集。163 户房屋的平均估价为 45000 元左右。有 5 户家庭没有家电，平均家电估价为 3800 元左右。所有农户平均年收入 21000 元左右，平均年支出 13400 元左右。163 户中只有一户年净收入为负数，金额为 2000 元。总体而言，163 户的平均年净收值约为 7670 元。从中我们也可以发现，该机构非常重视贷款农户的还款能力。

5.1.2 农村小额信贷需求者融资目的分析

许多研究者对小额信贷客户群体及其需求作了大量研究，农户的小额信贷需求更是研究的中心。农户对信贷资金的需求不外乎两种：生产性需求，生活性需求。2007 年韩俊等根据全国 29 个省市的 1962 份农户有效问卷对农户信贷需求的特点作出分析：非正规渠道为主的借款资金来源；小额、短期借款为主，资金需求量呈增大趋势；多样化借贷用途，高比例的教育和医疗等生活性借款；以收入水平和类型为区分的差异性借贷需求。他们强调农户融资的目的以生活性需求为主，这与其他学者的研究结论类似。张杰等（2006）研究发现，在经济欠发达地区或较低收入的农户中生活性借贷需求居多，在经济较发达或较高收入的农户中生产性信贷资金需求显著增大。而在生产性借贷需求中，非农生产性需求增加、农业生产性需求减少。

农村小额信贷需求者的融资目的一般是满足生产性需求和生活性需求。因为生产性经营活动带来收入可以满足贷款还本付息的基本条件，所以满足生产性需求是农村小额信贷需求者的主要融资目的。这类需求者以满足非农生产性需求为主，因为非农生产性经营活动更可能产生现金收入满足定期还款的要求（程恩江和 Abdullahi D. Ahmed，2008）。但某些小额信贷机构也提供教育贷款这类满足生活性需求的产品，如蒲城县妇女可持

续发展协会。农村小额信贷需求者的部分生活性需求也被小额信贷满足，当然前提是这类需求者可以满足分期还款的要求。农村小额信贷需求者大量的其他生活性需求主要由民间借贷满足（张杰等，2006；韩俊等，2007）。因为农民普遍认为因生活中的大事如婚丧嫁娶借款是合理的，有人情存在往往容易获得亲友的满意。其他一些如建房、看病、教育等生活性目的借贷也容易得到亲友的理解和支持，褚保金等（2008）也发现教育等生活性支出是影响农户非正规借贷（民间借贷）的主要原因。

5.1.3 农村小额信贷需求者融资偏好分析

农户在选择融资渠道时会依据资金成本和借贷便利性进行决策（任常青和朴之水，2001）。农户的融资渠道有内源融资和外源融资之分（张杰，2003，转引自张杰，2005）。内源融资一般是农户在入不敷出时首先考虑外出打工、谋求非农收入。张杰（2004）研究得出中国的大部分小农偏好内源融资、不轻言债的结论。外源融资指求助信贷机构，包括金融机构和非金融机构，其中也包括以血缘、亲缘和地缘为联系的亲友借贷和高利贷。翟照艳等（2005）认为农户融资以内源融资为主，外源融资中以非正规金融渠道为主。韩俊等（2007）的研究得出农户的融资次序为亲友借款、正规借款和市场性非正规借款。

农村小额信贷需求者出现资金缺口时融入资金，融资次序受需求者自身经济情况和社会资源禀赋影响。其次序为：第一是打工，第二是向亲友圈内借钱，第三是求助国家农贷（具有地区性、行业性），第四是小额信贷机构、商业信贷机构，第五是高利贷。可见小额信贷机构并不是农户的首选，这主要由农户的性质和经济特点决定。另外小额信贷机构的供给特点也影响了农户的融资偏好。既然农户融资有其优先次序，那么在分析农户小额信贷需求时也要考虑其偏好。研究农户性质有利于更好地理解中国农村小额信贷市场的需求方，为我们的研究提供了更好的依据。

5.2 农村小额信贷供给者及其特征分析

我国的小额信贷供给机构众多，主要有三类：接受资助的非政府机构，可以吸储的正规金融机构和利用扶贫资金的政府机构。提供小额信贷的机构达到14类（如图5-1所示），分别为非政府组织、国际组织、社会组织、国际开发银行、农业发展银行、中国农业银行、农村信用社、农村商业银行、农村合作银行、邮政储蓄银行、资金互助社、贷款公司、村镇银行和扶贫办。

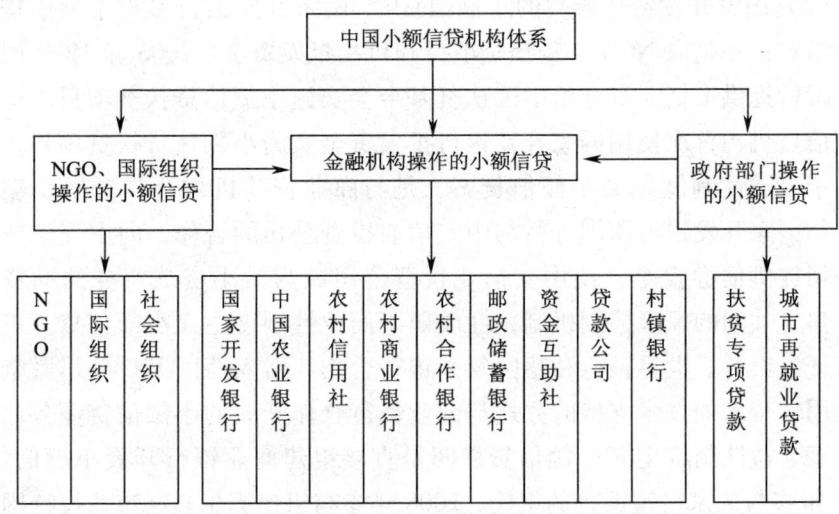

图 5-1[①]　**中国小额信贷的组织体系**

这些机构提供的小额信贷大概可以分为 13 类，何广文（2009）和杜晓山（2009）等学者把这些小额信贷的具体业务形式和性质作了归纳总结。

（1）前三种是非政府机构的小额信贷，可以统称为 NGO 型小额信贷[②]。此类小额信贷包括正规非政府组织、国际组织及社会组织的小额信贷。非政府公益性小信贷组织兴起于 1993 年，由中国社科院发起。另外，海外非政府组织和国际组织也在中国大陆有分支机构。这些机构的服务分布全国各地的贫困地区（贫困县）农村，以中等和低收入及贫困农户为目标客户。多采取小组联保方式运营，无存款、汇款等其他产品。目前有100 多个机构，贷款规模有 10 多亿元，各机构资产质量和可持续性不一。这类机构是追求公益性和可持续性，基本属于公益性制度主义小额信贷机构（杜晓山，2007）。机构资金来源是：国际多边和双边机构的援助和捐

---

① 此图来自何广文等 2009 年的《中国小额信贷行业评估报告》。
② 中国社会科学院农村发展研究所的杜晓山研究员对此类小额信贷研究较多。

赠，世行等机构的软贷款等；国内政府和个人捐赠，农民入股，投资。这类机构面临的困境是没有法律地位，资金来源受制约，能力建设乏力（杜晓山，2009）。

（2）国家开发银行参与的小额信贷①。国家开发银行参与小额信贷有五种模式：一是向 NGO 小额信贷项目和机构批发资金。2006 年 12 月国家开发银行提供 1 亿元资金给中国扶贫基金会实施小额信贷扶贫项目。这是小额信贷机构首次使用国家开发银行批发资金实施小额信贷扶贫项目，性质属于公益性制度主义小额信贷。二是与商业贷款机构合作开展小额信贷，如国家开发银行深圳分行与中安信业投资公司的合作，向中安信业投资公司提供债券资金，使中安信业投资公司成为微小贷款业务的助贷机构，建立共同的风险控制机制，性质属于商业性制度主义小额信贷。三是国家开发银行、世界银行和德国复兴银行合作，引入德国 IPC 公司微贷技术，用转贷款加技术支持的方式与商业银行合作开展的小额信贷业务。性质属于公益性制度主义小额信贷。四是直接组建商业银行开展小额信贷。2007 年参与 7 家村镇银行的组建，2008 年参与组建鄂尔多斯市达拉特国开村镇银行，性质属于商业性制度主义小额信贷。五是创造"国家开发银行＋协会＋企业（农户）"的贷款新模式。在海南澄迈县和三亚市开展此种模式试点，效果良好。性质也属于商业制度主义小额信贷。

（3）农业银行的小额信贷②。农业银行的小额信贷是扶贫贴息型，起初是为配合国家"八七扶贫计划"。它是典型的福利主义小额信贷。1997年农业银行在很多贫困地区以贫困农户和中低收入者为目标客户开展小额信贷业务。农业银行在 20 世纪 90 年代实施的小额信贷大多以小组联保方式进行，有分期还款和整贷整还两种还款方式。贷款额度每笔为 1000 ~ 5000 元不等，收取 2.21% ~3% 的年利率，甚至不收利息，由中央和地方财政补贴不足部分。没有存款、汇款等其他业务。每笔 5 万元以下的贷款余额为 381 亿元。客户以穷人（户主）为主，总体上财务不可持续。机构资金来源是人民银行再贷款、存款、财政（中央、地方）补贴，含利息和运营经费。面临的挑战是供给不可持续，需要政府再贷款和补贴（杜晓

---

① 参见何广文等 2009 年的报告《中国小额信贷行业评估报告》。
② 从第 3 种到第 13 种都出自杜晓山 2009 年发表在《农村金融研究》上的《我国小额信贷发展报告》。

山，2009）。

（4）农村信用社提供的小额信贷。这类小额信贷属于国际意义上的商业可持续评价范畴内的小额信贷，即公益性制度主义小额信贷。杜晓山认为其开展的农户小额信贷分为三类：小额信用贷款、联保贷款、抵押担保贷款。小额信用贷款和联保贷款从 2000 年开始在全国开展。给客户评定信用等级并分类，以确定是否放款及放款额度。贷款年利率按人民银行要求在基准利率的 0.9～2.3 倍间浮动，要求尽可能低于一般贷款利率。信用贷款和联保贷款的贷款余额为 3000 多亿元，覆盖 7000 多万户。有存款、汇款等银行业务。机构的还贷率和可持续性差别较大。资金来源也是人民银行再贷款、存款、财政（中央、地方）补贴，含利息和运营经费。

（5）商业银行的小额信贷。2005 年国家开发银行与世界银行合作，引导商业银行为小企业和难获贷款的弱势群体提供小额信贷，属于公益性制度主义小额信贷。这类业务的贷款额度每笔额度达几千元到几万元，采用无抵押或灵活抵押贷款方式，资产质量良好，不良率在 1% 以下。

（6）邮政储蓄银行的小额信贷。2006 年邮政储蓄银行成立，开展小额信贷试点业务。此类贷款是商业性制度主义小额信贷。目前，小额信用贷款与小额质押贷款共计贷款余额有 1000 多亿元。在全国十多个省试点小额信用贷款，贷款额达 1 亿多元，基本属于正常贷款。还有存款、汇款等其他信贷业务。面临的挑战是人才欠缺，贷款资产质量的保证。

（7）农村资金互助社的小额信贷。农村资金互助社与非政府组织（NGO）中的"村基金"类似，2007 年银监会在全国 6 省开展农村资金互助社试点。农村资金互助社是合作或股份合作制金融机构，分村级（要求注册资本达 10 万元）与乡镇级（要求注册资本达 30 万元）两类。以当地农户、居民和企业为入股对象和服务对象。使用个体或小组方式在入股成员内开展存、贷款业务。资金来源有农村资金互助社成员入股的股金、存款、委托资金（限本村、乡）和外部捐赠款。面临的挑战：机构规模小，资金来源有限；银行不愿融资；政府政策支持不到位。这类机构的小额信贷属于商业性制度主义范畴。

（8）小额贷款公司的业务。2005 年，只贷不存的商业性小额贷款公司正式出现，这种民营、纯商业的小额贷款公司的小额贷款业务是制度主义小额信贷范畴。起初在中西部 5 个省的 5 个县建 7 个公司，后来在全

国推广。贷款多数需要抵押或担保，平均贷款额约 10 万元/笔，贷款年利率平均大于 20%。没有存款等其他业务，持续性较强。现在此类机构已达 100 多个，注册资本金达到 1 亿～2 亿元。此类公司倾向于放大额的机构贷款，一般不服务于个人的小额贷款。资金来源：地方性注册资本金、股金、委托资金。面临的挑战是机构合法性没有确认，融资无渠道，规模扩展有困难。

（9）银行分出的贷款公司的业务。2007 年银监会规定，银行派生的贷款公司注册金必须达到 50 万元才可成立，其小额信贷业务属于制度主义小额信贷范畴。此类机构发展不快，与人民银行发起的小额贷款公司业务范围并无大的区别。其资金量有限，依赖母银行和其他渠道的支持。

（10）村镇银行的小额信贷。村镇银行建于 2007 年，发起银行至少占有 20% 的股份，单个自然人和企业法人占有股份最多不得超过总股份的 10%。这是由发起银行独资或自然人、企业法人合股组建成的股份制银行，其小额信贷属于商业性制度主义范畴。注册资本金达到 100 万元以上的村镇银行可以在乡镇范围内经营，注册资本金达到 300 万元以上的村镇银行可在县域范围内经营，经营模式和农村信用社相似。杜晓山认为村镇银行不一定是小额信贷机构，这取决于其贷款规模，信贷额度①。资产质量不错，有些已经盈利。面临的问题是容易出现大股东或原银行控制，放大额度贷款倾向，贷款违规放出县域，吸收存款困难。

（11）农村金融机构的扶贫贴息小额信贷。国务院、财政部 2004 年开始改革扶贫到户贴息贷款，把部分中央财政贴息资金直接拨付给地方，由地方选择金融机构发放扶贫贴息贷款。这些金融机构包括农村信用社和农业银行，以农村信用社为主。此类小额信贷是公益性小额信贷（杜晓山，2007）。贷款的贴息资金直接核对后发放给贫困农户或提供扶贫贷款的机构，在贴息期内按照 4% 年利率补贴利息，2005 年补贴利息为 5%。国务院扶贫办统计，试点县到户贷款总量明显提高，有贴息资金的贷款基本都贷给贫困农户，贷款回收率提高较大，多数县达到 90% 以上，扶贫效果明显。

---

① 杜晓山认为，村镇银行的贷款额度并不明确，高于与低于 10 万元的情况并行存在。而高于 10 万元的贷款不能认为属于小额信贷范畴之中。

资金来源：地方性注册资本金、各方股金和存款等。

（12）城市商业银行和担保公司的城镇小额担保贷款。2002 年人民银行应中央政府的号召和财政部、国家经贸委、劳动和社会保障部要求为城市下岗工人提供贷款支持服务，即提供小额担保贷款。此类贷款一般由城市商业银行和担保公司共同承担。担保公司或者财政担保基金要承担全部或者 80% 的风险，有些担保机构还要求借款人找反担保人。其中担保机构收 1% 的管理费，银行按基准利率放贷，不足部分利息由中央财政贴补，借贷人不付息或者利息很少。贷款额度平均在 2 万元左右，最高达 10 万 ~ 15 万元，低的在 5000 ~ 1 万元。还款方式可整贷整还，也可整贷零还。目前这类贷款余额约 150 亿元，多数资产质量还可以，不良率在 10% 左右。它需要高度的财政补贴，可持续性差，属福利主义小额信贷。资金来源是银行存款、政府担保资金和地方性财政资金。面临的挑战是政府资金规模小、银行不愿意做、项目持续性问题。

（13）村级发展互助资金。村级发展互助资金是近年来扶贫机构和财政部门创新的扶贫资金使用管理方式。此类小额信贷属于公益性小额信贷。其业务主要由政府部门与妇联、扶贫办合作开展，以鼓励农村自救自助建设为目的，也可归为 NGO 小额信贷。2006 年，国务院扶贫办选择 14 个省 140 多个贫困村开始"村级发展互助资金"试点。"互助资金"来源由两部分组成：一是中央财政扶贫资金给试点村平均 15 万元拨款，具体每个村的额度由省区市根据实际情况自行确定。二是鼓励贫困村农户以自有资金或其他方式入股，对贫困户采取赠股的方式扩大资金。

这些小额信贷的规模和性质具体见表 5 – 1[①]。

以上这十三种小额信贷机构中的许多机构由几方合作组建而成，总体而言可归属三大类小额信贷，但小额信贷机构的性质比较模糊，因为有些小额信贷是金融机构和政府部门共同承担的，将其归入金融部门操作的小额信贷或归入政府部门操作的小额信贷均有其合理性。有些小额信贷是非政府机构和政府部门共同组织的，可归入任一方。非政府机构的小额信贷有了政府的合作参与，组织的运作更加方便。这源于政府在中国基层组织中较强的运作能力。

---

① 此表根据谭险峰（2010）和杜晓山（2009）的研究结果整理。

表 5－1 中国小额信贷供给状况

一级模式	二级模式	兴起年份	目标客户	贷款额度
非政府机构	NGO、国际组织操作的小额信贷	1993	中低收入及贫困农户	农村:1000～5000元/笔；城市:每笔3000元、5000元、8000元等
正规金融机构	国家开发银行	2006	—	—
正规金融机构	农业银行	1997	中低收入和贫困农户	1000～5000元/笔
正规金融机构	农村信用社	2000	富裕、中等以上农户，部分贫困户	1000～3000元；3000～8000元；8000～3万元等
正规金融机构	商业银行	2005	小企业和弱势群体	几千元至几万元/笔
正规金融机构	邮政储蓄银行	2006	—	1000元至10万元/最高50万元
正规金融机构	农村资金互助社	2006	入股的当地农户、居民和企业	
正规金融机构	商业小额贷款公司	2005	当地农户、居民、企业等	平均贷款额约10万元/笔
正规金融机构	银行派生的贷款公司	2007	—	
正规金融机构	村镇银行	2006	当地农民	个人贷款小额余额资本金的5%，企业贷款余额小于10%
正规金融机构	农村金融机构扶贫贴息小额信贷项目	2004	符合条件的农户	—
政府机构	城市商业银行和担保公司	2002	下岗工人、大学毕业生、转业军人、失地农民和低收入创业者	平均2万元，最高10万～15万元，低的在5000元至1万元
政府机构	村级发展互助资金项目	2006	贫困村农户	—
政府机构	扶贫办		—	

续表

	非政府机构	正规金融机构									政府机构			
一级模式														
二级模式	NGO、国际组织操作的小额信贷	国家开发银行	农业银行	农村信用社	商业银行	邮政储蓄银行	农村资金互助社	商业小额贷款公司	银行派生的贷款公司	村镇银行	农村金融机构扶贫贴息小额信贷项目	城市商业银行利担保公司	村级发展互助资金	扶贫办
兴起年份	1993	2006	1997	2000	2005	2006	2006	2005	2007	2006	2004	2002	2006	
贷款年利息利费用	3%~18%	—	2.21%~3%	基准利率的0.9~2.3倍	—	—	—	贷款年利率平均大于20%	—	央行基准的利率2.3倍	央行基准利率4%（2005年的5%）	担保机构1%年费。银行收基准利率，财政贴息，借贷人不付息或利率很低	—	
贷款规模	10多亿元	—	381亿元	1.23万亿元	10多亿元	1000多亿元	—	10多亿元	—	—	—	150亿元	6.6亿元	
运作方式	小组贷款	小组借贷	小组借贷	信用；联保；个人抵押担保	无额抵押；无活抵押；灵活担保	信用；质押；联保	个体；联保组	小额抵押或担保	—	—	—	—	—	
金融合法地位	无	有	有	有	有	有	有	有	有	有	有	有	无	
财务可持续目标	有的机构有	有	无，有补贴	有	有		有	有	有	有	无，有补贴	无，有补贴	无，有补贴	

5.2.1 农村小额信贷供给者分析

在农村地区这三类小额信贷供给机构主要提供三类业务：农户小额信用贷款，农户联保贷款，扶贫贴息贷款。金融机构的业务涵盖这三类，而政府机构和非政府机构主要提供后两种贷款（刘锡良和洪正，2005）。在中国农村地区，农村信用社占据垄断地位，营业网点分布在乡镇一级。而中国农业银行的后撤，把营业网点定位县级，给农村信用社留下大量的信贷空间。中国邮政储蓄银行虽然在某些乡镇也有营业网点，但是只存不贷的状况改善不大（王松奇和何广文，2007）。村镇银行、贷款公司、资金互助社等新兴小额信贷机构作用有限。因为这些机构并不是分布在所有需要的区域，仅仅分布在经济相对较好的地区，且贷款额度较大，面对的是大客户。另外它们的资金实力较弱，各项机制不太健全，自身建设需要加强，信贷业务进展较慢。而村级互助发展基金仅限于一些贫困村，资金额度小，在村内开展业务，影响力较小，主要是为了扶贫，可持续性较差。非政府机构的目标客户是农村的中低收入者，从 20 世纪 90 年代就开始试验小额信贷，存续时间较长。这 100 多个机构在农村地区为农户提供小额信贷，帮助农户脱贫致富，影响力不小。这样广大农村地区，小额信贷的主要供给者是农村信用社和非政府机构，其他的机构为了盈利和自身发展，倾向于大额度放贷，超出小额信贷范畴。笔者曾到杨凌某镇调研，该镇有农村信用社、邮政储蓄银行。但是农村信用社在政府支持下开展小额信贷业务，而邮政储蓄银行则仅吸收存款。在咸阳淳化和渭南蒲城的调研中，淳化妇女发展协会和蒲城妇女可持续发展协会扎扎实实地开展小额信贷，帮助妇女创业致富。

5.2.2 农村小额信贷供给者性质特征

不同运作方式的小额信贷机构有不同的特征，有着不同的目标。其具体特征表现为非政府机构重视社会发展和持续发展目标，政府机构开展的小额信贷项目侧重发展速度和规模，金融机构则注重小额信贷项目的持续性、监督和风险控制（杜晓山，2004）。不同机构提供的小额信贷服务具体目标是有差异的。杜晓山（2009）总结认为：非政府机构小额信贷的目标是组织的永久存续，持续为目标客户提供信贷服务。政府机构的小额信贷目标是政策的可持续，即目标客户的可持续生存与发展。金融机构的小额信贷目标是盈利，商业经营的可持续。

淳化县妇女发展协会和蒲城县妇女可持续发展协会是典型的非政府小额信贷机构，但是机构和政府存在着或多或少的联系。机构秘书长一个是现任妇联主任，一个是退休的妇联主任。在机构运行过程中与政府保持着千丝万缕的联系，基层的宣传、办公场地的提供都需要政府的支持。淳化县妇女发展协会的使命是为中低收入的贫困人口提供帮助，特别是为妇女提供金融、技术、信息等方面的服务，以增加其家庭收入，并提高其社会地位，促进其全面发展。机构自身在5~7年内发展成为一个专门的小额信贷机构，实现自负盈亏，长期、持续为贫困妇女提供金融、技术等服务。蒲城县妇女可持续发展协会的使命也是为中低收入群体持续性提供小额信贷等服务，帮助贫困妇女改善其生产状况。机构目标是可持续发展、自负盈亏，以信贷服务帮助妇女改善生存状况。

5.2.3　农村小额信贷供给者供给状况分析

小额信贷供给机构供给的小额信贷产品在利率、担保方式上存在差异。不同机构确定的利率不同。由于受到贷款本金发放方式、还本付息方式或还款频率、贷款费用和小组基金的影响导致实际利率有所变化（刘锡良和洪正，2005）。我国小额信贷机构的实际利率水平如表5-2所示。

表5-2①　　　　　　　中国小额信贷机构实际利率水平　　　　　　单位:%

机构类型	金融机构	非政府机构	政府机构
利率水平	5.02~12.83	15~20	3.0

杨凌农村信用联社发放的小额信用贷款年利率按照农户信用等级实行差别利率，一般名义年率在8%以内。某些特殊项目，例如建蔬菜大棚还有杨凌区政府财政贴息。蒲城县妇女可持续发展协会的小额信贷名义年利率一般是10.8%左右，而淳化县妇女发展协会的名义年利率一般是12%，并根据国家政策和当地资金市场利率会有所调整。

这些小额信贷机构要求不同的担保方式，农户联保贷款要求小组成员

---

①　此表来自刘锡良和洪正2005年发表在《金融研究》的文章《多机构并存下的小额信贷市场均衡》。

互相担保，小额信用贷款是凭农户信用贷款。不管哪种贷款模式都不要求借款人其他的担保，并不刻意区分借款人特征。

5.2.4 农村小额信贷供给者面临的问题

这三类小额信贷机构面临的问题也不一样①。第一类非政府机构的问题是长期发展的合法性没有解决，资金来源无法持续。第二类政府机构的问题是没有可持续性发展目标，还存在资金到达目标客户的问题，贷款的偿还问题，行政干预过强问题等。这两类小额信贷存在体制不清，权责不明的现象，同时除了和正规金融机构合作的项目外，普遍缺乏专业人才。第三类金融机构的问题是小额信贷业务运营和管理水平低下的问题。小额信贷业务量大，收益率低与金融机构追求利润目标之间相矛盾。支农贷款的政策性要求和利率限制与金融机构的商业性可持续发展目标不符。蒲城县妇女可持续发展协会和淳化县妇女发展协会最大的问题是资金来源受限，资金规模小，难以满足广大农户的信贷需求。机构管理方式落后，秘书长权力较大，控制整个机构。工作人员素质不高，专业性和技术性难以满足工作需要。杨凌农村信用社的问题是盈利性和支农性的矛盾。杨凌农村信用社因为"垒大户"放弃小组联保贷款，仅开展农户小额信用贷款。农户小额信用贷款成本高、收益低，若没有政府贴息支持，农村信用社也没有积极性。况且，杨凌农村信用社正在积极改制，准备转变成杨凌农村商业银行。转变后其经营以盈利为目标，支农的倾向可能发生偏移。除此之外，农村信用社的经营管理也存在不少问题：管理方式落后，人员专业性不强，人情和关系户进入居多。农村信用社以前是由农业银行主管，成为农业银行的"家属院"，一些农业银行子弟和农业银行工作人员家属被安排进农村信用社（和农村信用社工作人员交谈得知）。虽然后来农村信用社脱离农业银行，但是农村信用社的工作人员总体高素质人才不多，管理人才缺乏。这也成为制约其发展的瓶颈。

5.3 农村小额信贷供求均衡分析

农村小额信贷均衡分析，要以农村金融市场为大背景。长期以来农村

---

① 详见杜晓山和孙若梅2000年发表在《财贸经济》上的《中国小额信贷的实践和政策思考》。

金融市场存在金融抑制和信贷约束。农村金融抑制造成农村金融机构少、资金量小，供给总量不足，对农户贷款的资金供给量有限[①]，并存在严重的信贷配给，造成农村小额信贷市场供给不足。除了农村金融机构对农户的信贷配给，还存在信贷约束。信贷约束分为供给型信贷约束和需求型信贷约束（Boucher 等，2008，转引自程郁等，2009）。需求型信贷约束致使有信贷需求的农户被迫改变行为偏好和行为选择，压抑自身的信贷需求。农村金融机构"离农化"与"脱农化"使农村小额信贷市场总供给不足，而信贷约束下农户认知出现偏差，风险规避偏好改变致使农户对小额信贷有效需求不足。这一现象体现了小额信贷的供求矛盾。

5.3.1　农村小额信贷供求失衡

农村小额信贷供求失衡主要表现在以下五个方面：

（1）供给主体难以满足所有需求主体的需求[②]。虽然自2006年起，国家开始重视农村金融问题，支持小额信贷工作，在全国范围内推进农村新型金融机构试点，为农户提供所需的贷款，缓解农户贷款难问题。不过农村金融需求主体和需求具有多样性，而供给机构的性质和类型过于单调，难以满足其复合及特殊要求。除了非政府机构有明确的目标群体定位外，如妇女发展协会以妇女为主要贷款对象，其他小额信贷机构没有明确的目标群体。即使某些机构有明确的目标群体，但是执行不力，为了利润也不惜作出改变。蒲城县妇女可持续发展协会定位比较明确，是面对介于赤贫户和农信社客户之间的农户。他们自称不与农村信用社竞争，为农村信用社培养优质客户。其他供给主体自身定位不明确，在农村小额信贷市场展开业务，存在盲目竞争和过度供给现象。富裕农户是争夺的重点客户，而贫困户则无人问津。这会形成富者更富、贫者更贫，无法完成利用融资途径推进农村及农户发展的目标，同时也不利于机构的可持续发展和效率的提高。

（2）供给量和需求量不匹配。何广文（2010）认为农村资金供给总量不足并严重流失，这也影响农村小额信贷资金的供给。中国农村金融市场

---

①　参见杨素梅2007年发表在《农业经济》上的文章《金融抑制问题研究综述》。

②　宋平和罗剑朝（2009）认为农村金融供给和需求主体特点失衡。本书认为农村小额信贷市场是农村金融市场的一部分，也有此特点。

存在信贷约束，农户的信贷需求得不到满足。程郁等（2009）根据中国银监会2007年的数据发现32.8%的农户的贷款得到满足，并推断约有40%的农户贷款需求没有被满足。其他一些学者认为农户受正规信贷约束的比例超过了60%（程郁等，2009）。显然，有限的信贷供给难以满足如此大的信贷需求，这反映在小额信贷领域也是如此。供给机构虽然增加，但是对农户信贷需求的满足并未明显改善。中国邮政储蓄银行只存不贷的局面没有大的改变，某些地区邮政储蓄银行的存贷比为0，没有建立起为"三农"服务的机制①。农村信用社农户小额信用贷款市场占有率较低，2007年9月底农户贷款面仅达到33%（中国人民银行，2007，转引自何广文，2008）。农村非正规借贷（民间借贷）较为活跃，民间私人借贷渠道占60.96%（何广文，1999），间接影响农村小额信贷市场空间。农村小额信贷需求量总体上大于供给量。

（3）供给主体区域布局不均衡。从机构布局来看，某些机构侧重中西部地区，某些机构仅在县域以上地区。从性质上来看，非政府机构的小额信贷多分布在西北偏远贫穷地区，而政府机构的小额信贷多惠及贫困县乡，而金融机构的小额信贷在多数省份的试点乡镇。根据杜晓山等（2008）的调查，中国以扶贫和可持续为目的的非政府机构和政府机构的本质特征是公益性、非营利性，这些机构的65.06%分布在西部地区。

（4）产品供给难以满足需求。产品的期限、利率、额度、放款方式，还款方式，都与农户的需求存在不同程度差别。小额信贷机构提供的产品多为1年左右期限，而农业生产具有较强的季节性，经营风险大，因此农户需要1年以上的信贷产品，还款期限具有灵活性。非政府机构提供的大多为1年期贷款，按季分四次还清，提前扣除利息。农村信用社也是如此。某些地区的农村信用社提供3年期贴息贷款，额度为3万元，分3年还清，一年还一次款。不过有既定的投资项目，农户自己要投入至少3万元，这并非一般农户可以承担。还没有盈利就要还款，造成了部分农户的排斥心理。

农户在利率方面没有选择权，理性的农户希望利率越低越好。据韩俊等（2007）调查分析，全国34.6%的农户所能承受的最高贷款利率低于人

---

① 来自王松奇和何广文2007年发表在《银行家》上的调研报告《传统农区金融需求与机构布局调研报告》。

民银行的存款基准利率 2.25%，有 64.9% 的农户能接受的最高贷款利率低于人民银行的贷款基准利率 5.58%。而供给机构除了政府机构提供的小额信贷利率在 3% 左右，其他贷款利率都在 5% 以上（刘锡良和洪正，2005）。这高出了农户可接受的最高贷款利率平均值 5%（韩俊等，2007）。

贷款额度方面，除了一些机构自主开发新产品外，例如蒲城县妇女可持续发展协会的城镇小工商业贷款，首轮为 5000 元，最高为 8000 元，大部分农户获得的贷款平均规模大多在 3000 元以下，而农户期望的贷款规模大多在 3000 元以上（韩俊等，2007）。因此，农户大额的贷款需求依靠小额信贷机构提供的信贷产品难以完全得到满足。

表5－3　　　　　　蒲城县妇女可持续发展协会信贷产品一览表　　　单位：元，%

产品名称和要素		常规贷款	产业贷款	城镇小工商业贷款	教育贷款
贷款期限		一年/半年	一年/半年	一年	一年
担保形式		五户联保	五户联保	信誉担保	五户联保
年名义利率		10.8	10.8	10.8	10.8
贷款额	首轮	2000	2000	5000	2000
	最高	4000	5000	8000	2000
付利息方式		还款时支付利息	还款时支付利息	还款时支付利息	还款时支付利息
还款方式		逐季归还	逐季归还	从第三个季度开始按月分十次归还	逐季归还
还款次数		四次	四次	十次	四次

资料来源：蒲城县妇女可持续发展协会。

（5）结构性失衡。中国农村小额信贷市场供求结构性失衡。从供给来看，农村小额信贷的供给主体虽然有正规金融机构、非政府机构和政府机构，但从量上来看以正规金融机构（农村信用社）为主。正规金融机构（农村信用社）的特点是资金的管理和机会成本较高，但是由于小额信贷额度小、客户量较大、利息收入少，金融机构（农村信用社）供给积极性不高（这与笔者在杨凌农村信用社的调查结果相符合）。从需求来看，农村小额信贷需求主体的收入水平和资产水平都较低，生产收入不高且金融信息不足。所以尽管存在借贷意愿和贷款供给，但双方的交易却很难达成（宋平和罗剑朝，2009）。

5.3.2　农村小额信贷供求的影响因素分析

农村小额信贷供给由动机决定，也受利率等因素的制约。需求的决定

因素由需求目的决定，也受收入、利率等因素影响。

5.3.2.1 农村小额信贷供给的决定因素

金融机构的长期信贷配给造成了信贷约束（程郁等，2009），对农村信贷投放量有限，农村小额信贷供给并不充足。小额信贷供给很大程度上依赖国家的政策。国家政策支持是小额信贷发展的推动力。国家推行小额信贷，支持金融机构和非政府机构以及政府机构开展小额信贷业务，小额信贷供给才可以增加。小额信贷机构的性质也影响小额信贷供给。政府机构一般以国家扶贫为目标，按照国家政策规定，开展小额信贷业务。如果不出现寻租现象，小额信贷都能够按照规定发放给贫困农户。金融机构一般以小额信贷经营状况衡量其业绩，若不能带来利润便失去供给动力。若非人民银行的利导和政府的支持，机构提供小额信贷业务也是雷声大、雨点小。而非政府机构为了某项目标和宗旨开展小额信贷，相对而言业务做得比较扎实。实际上，若要激发机构提供小额信贷的积极性，利润刺激是关键。利润是机构生存的基础，而利率是利润主要来源。我国利率是政府管制，并设定利率上限，不利于小额信贷供给的增加。

5.3.2.2 农村小额信贷需求的决定因素

程恩江和 Abdullahi D. Ahmed（2008）研究认为农户的小额信贷需求与农户收入呈正相关关系。小额信贷需求与农户收入呈正相关关系，随着农户收入的增加，农户的小额信贷需求上升到某一高点后下降（程恩江和 Abdullahi D. Ahmed，2008）。因为较高收入的农户有了更多收入后，倾向于用自己的资金投资，以规避小额信贷的高利率，对小额信贷需求下降。

中国农户的小农性质（即小富即安）导致他们对风险比较厌恶，不愿为了生活或者生产冒险。一旦家庭开支过大，首先会以外出打工赚钱弥补。打工收入和打工机会是小额信贷的互补品。如果农户打工机会较多、收入可以满足生活需要，一般不会考虑借贷。而当农户选择借贷时，已经对利率有了充分的考虑，不会太介意利率的高低。而且广大农户深受信贷约束的困扰，对于利率高低没有发言权，只是被动接受者。

如果存在大量的民间借贷（主要表现为从亲戚朋友处借到款项），农户就会减少对小额信贷的需求。但亲友借贷大多存在面子成本，需要农户以其他方式偿还。因此，如果小额信贷利率合适，且容易获得，对农户具有较强的吸引力。农户在选择小额信贷和亲友借贷时，经常和借贷目的结合起来。农户遇到看病、婚嫁等日常生活需求和孩子上学、建房等消费性需求多向亲友借贷，往往容易获得亲友资助；而进行农业或非农业性投资、做生意等生产性活动更倾向小额信贷。

如果农户可以方便地从金融机构获得贷款，对小额信贷的需求会下降，尤其当农户从事非农业生产、需要大量资金时。如果农户的投资机会较多，有获得更高收入的可能，也会刺激农户小额信贷需求。农户对未来预期较好时会增加投资，也会增加信贷机会和信贷规模。但是随着农户经营规模的扩大，需要资金量的增加，更倾向于金融机构的大额资金贷款。

5.3.2.3　利率

中国利率是受严格管制的，因而小额信贷机构的利率也是以人民银行规定的基准利率为主，上下有严格的浮动范围。韩俊等（2007）研究认为农村金融市场的利率是外生性的，农户借贷考虑的主要因素不是利率，而是贷款的获得性。中国农户一般不轻言债，一旦言债，必作好付出一切努力、承担任何后果的准备。金融机构（农村信用社）提供的小额信贷利率若无财政贴息，一般以银行其他业务的利率为参考。政府机构的小额信贷利率一般很低，是援助性贷款。非政府机构提供的小额信贷因成本问题利率较高。因此农村小额信贷市场的利率也并非由市场供求决定的，具有外生性。虽然小额信贷的供给者和需求者无法决定利率走势，他们对利率发展趋势的期望是相反的。供给者希望利率增高以带来更多利润，而需求者希望利率降低以减轻利息负担。利率对小额信贷供给者和需求者的意义也不一样，小额信贷供给者提高利率的期望较为迫切，不能满足则减少供给。小额信贷需求者降低利率的期望较弱，而获得贷款的期望很强，需求较旺盛。因而，利率也是影响小额信贷供求不可忽视的因素。

5.4　农村小额信贷需求案例分析

本书以陕西省杨凌农村信用社客户群体为例进行实证研究。客户分为企业客户与个体客户。数据情况如下：

在杨凌地区，杨凌农村信用社共有企业客户18家，涉及建筑、娱乐、设备制造、制药、服务、食品加工、农产品加工、化学制品等多个行业。主要以因素分析法考察这些企业客户的信贷需求、资金来源等问题，随机抽取12家，11家企业认真完成了调查，有1家问卷作废。

杨凌农村信用社在 W 镇为试点小额信贷，本书仍利用 80 分农户问卷作分析（详见第四章内容）。

5.4.1　企业需求因素分析

选取贷款需求时机、流动资金贷款额与调头资金需求三个变量来分析资金需求。对贷款需求时机采用频率分析描述（如表 5-4 所示），发现选项 4（准备扩大生产能力或更新技术，贷款购置新厂房、设备等）出现 8 次，所占比重最大，为 53.3%；选项 1、2 各出现 3 次，占总频次的 20%；选项 3、5、7 没有出现。说明杨凌农村信用社的企业客户资金需求主要由扩大生产能力相关需求决定，而扩大销售与其他投资资金需求未造成影响。

表 5-4　　　　　　　　　　　贷款需求时机频率

项目	1	2	3	4	5	6	7	总频次（率）
单项频次	2	0	0	6	0	0	0	—
单项出现总频次	3	3	0	8	0	1	0	15
频次比重（%）	20	20	0	53.3	0	6.7	0	100

近一年内流动资金贷款额变量的取值很集中，选项 6（400 万~500 万元）出现 10 次，占 90.9%；选项 3（100 万~200 万元）出现 1 次，占 9.1%。可见，农村信用社企业客户对流动资金均有较大需求。

在近一年内流动资金需求分析中，发现无需求（选项 1）的有 1 家；需求在 400 万~500 万元（选项 7）的有 4 家，占 36.4%；需求在 300 万~400 万元（选项 6）的有 2 家，占 18.2%；需求在 200 万~300 万元（选项 5）的有 1 家，占 9.1%。年调头资金需求在 200 万元以上的企业占到了近 74%。说明杨凌农村信用社的企业客户对调头资金有较大需求，贷款利用率值得关注。

对这三个方面进一步作相关性考察。由于资金需求时机为定类变量，其他两变量均为定量变量，所以选用不同的检测方法。首先检测资金需求时机与贷款额之间的关系，采用相依系数方法（Contingency Coefficient），发现系数值为 0.277，说明第一变量取值受第二变量取值影响较小，且显著性水平为 0.922，不能认定为显著相关关系。同样采用相依系数法，得到资金需求时机与调头资金需求间的系数值为 0.837，说明调头资金需求取值较大程度来自资金需求时机的取值，但显著性水平为 0.177，不能认为二者呈显著相关关系。再检测贷款额与调头资金需求额间的关系，以常识假定二者存在线性相关关系，由于取值的特性，选取 Kendall 的 tau-b 系数检测，得到系数值为 0.323，显著性水平为 0.255。因而，二者间不存在显著相关关系。

通过分析可知，杨凌农村信用社企业客户的经营与资金运转不存在明显的规律，调头资金与贷款规模间没有明显关系，说明企业资金使用效率不高。

再对贷款时机与企业净利润进行检测，发现相依系数为 0.707，显著性水平为 0.809，反映企业的贷款时机对企业的净利润有一定的依赖关系，但不能被认为显著相关。

考察贷款时机与企业客户采购时付款方式之间的关系，相依系数为 0.660，P 值为 0.076，反映了企业的贷款需求与采购时的资金运用具有一定的相依关系，在显著性水平为 0.1 时显著相关。说明企业运行处于理性阶段，较好地运用了外界资本。

以相依系数考察贷款时机与企业销售的收款方式间的相关性，发现相依系数为 0.826，P 值为 0.023，小于 0.05，说明在显著性水平为 0.05 时，两变量呈显著相关关系，且相依程度较高。这表明，这些企业贷款的需求主要取决于销售款项的收回状况，企业的流动资金在企业的运转中扮演着重要的作用。

5.4.2　农户需求分析

前面章节已经对个体农户的小额信贷需求与申请影响因素进行了具体分析。这些分析表明，广大农村地区存在着大量的农户小额信贷需求，并呈上升趋势。

5.5　农村小额信贷供给案例分析

本部分以蒲城县妇女可持续发展协会供给状况和杨凌农村信用社的企业客户资料为基础展开研究。

5.5.1　对农户的供给分析

本书以蒲城妇女可持续发展协会供给状况进行分析。从 2007 年至

2009 年的审计报告中可以看出，无论小额信贷的量还是质方面，均出现逐年提升态势。

蒲城县妇女可持续发展协会 2010 年供给状况分析如表 5－5 所示。2010 年，协会累计为贫困妇女人口提供了没有抵押的扶贫小额贷款 2099 笔，比上年同期增长了 26％；发放贷款 677.3 万元，比上年同期增长了 55％；新增客户 960 户，比上年同期增加 80 户，增长了 9％；贷款余额 419.29 万元，比上年同期增加 159.55 万元，增长了 61％。

表 5 –5　　　　　　　　蒲城县妇女可持续发展协会供给表　　　　　单位：元,%

| 分会 | 有效贷款笔数 | 贷款发放及回收 | | | | 拖欠及风险 | | | 还款率 |
		本年累计发放笔数	本年累计发放贷款	本年收回贷款本金	本年收回贷款利息	贷款余额	累计拖欠贷款额	贷款风险率	贷款拖欠率
汉村	340	340	1159000	930250	100305	694750	28750	0	4
西曹	461	463	1431000	1054750	113913	949750	2250		1
六合	436	438	1442000	1100450	118849	927500			100
岳兴	326	326	1046000	902250	97443	612000			100
荆姚	347	347	1019000	902500	97146	585000	17250		3
武家	159	159	544000	198500	21438	345500			100
城镇	30	30	132000	88800	9590	78400			100
合计	2099	2103	6773000	5177500	558684	4192900			

资料来源：蒲城县妇女可持续发展协会。

机构规模方面：总资产：2009 年 230 万元，2010 年 306.6 万元。负债：2009 年 31 万元，2010 年 69.7 万元。权益：2009 年 199 万元，2010 年 236.9 万元。

与 2009 年同期相比，2010 年总资产增长 33％，负债增长 125％，权益增长 19％。总体呈现不断扩大趋势。

机构盈利能力不断增强。2009 年总收入 45 万元，2010 年总收入 59.3 万元；2009 年总支出 39.8 万元，2010 年总支出 54 万元。总收入与 2009 年同期相比较增长了 31.7％，总支出与 2009 年相比较增长了 35.7％。

受益区域不断扩大。协会覆盖的区域由以前的 6 个乡镇、27 个村扩大为 10 个乡镇、60 个行政村，总累计投放资金 1770 万元，累计贷款客户 9030 户，受益人数达 4 万余人，比 2009 年增加 2103 户。

2010—2012 年供给与发展规划如下：努力实现长期的社会绩效评估体系，开设 2 家分支机构，服务客户达到 8000 户左右。在 2012 年前融资量约获得 700 万元。供给量化指标如表 5 - 6 所示。

表 5 - 6　　　　　　　蒲城县妇女可持续发展协会发展规划

单位：元、户、元/户

年份	资本金	实际有效客户数	贷款余额	年放贷金额	初期平均发放贷款额
2010	350	2000	332	525	2500
2011	500	2500	475	750	3000
2012	1000	3947	950	1500	3800

资料来源：蒲城县妇女可持续发展协会。

通过三年多的运作，管理人员综合能力进一步提高，MIS 系统更加完善（包括客户基础信息管理、贷款信息管理、财务管理、客户信誉管理）；贷款户中有 96% 的经济收入有了不同程度的增加，平均每户增收 2000 元左右，人均纯收入平均增加 300 ~ 500 元。

协会也审视自身面临的供给风险，供给风险主要集中于以下方面，如表 5 - 7 所示。

表 5 - 7　　　　　　　蒲城县妇女可持续发展协会面临的风险

主要风险	应对措施
自然灾害导致的贷款风险	多品种产品，引导客户购买农业保险
通货膨胀造成的资金风险	制定一个合适利率，不断完善坏账损失准备金制度，将建立长期的社会绩效评估体系
资金短缺不能使机构得到发展	继续保持合作伙伴之间的良好合作关系，并加强和国际组织、社会团体、慈善机构的联系，使协会支持群众脱贫和企业社会责任结合起来，积极融资，共同实现各方目标
转型过程中人员能力不足	不断改善协会的运作机制，建立能力建设机制，完善协会组织机构，以适应转型需要
完善服务体系	在提供金融服务的同时，熟悉当地客户需求，提供符合客户需求的咨询、培训服务以及交流平台

资料来源：蒲城县妇女可持续发展协会。

5.5.2　对企业客户的供给分析

关于农村小额信贷机构中有企业客户的资金供给情况，以杨凌农村信用社数据为例做分析。对杨凌农村信用社的企业客户的资金来源状况，主要选取"近一年内的调头资金解决途径"、"最需要的贷款品种"和"可提供的担保方式"三个变量分析。

调头资金的解决途径中，11家企业有7家选择"银行贷款"，占到63.6%；有3家选择"股东集资"，占到27.3%；有1家选择"银行贷款"与"亲戚好友贷款"结合方式，占到9.1%。说明企业的临时性资金需求主要依靠银行贷款解决。在7家以银行贷款解决调头资金的企业中，有1家目前没有贷款，有5家目前在1家银行有贷款，1家在2家银行内有贷款，说明这些企业对调头资金利用率一般，用于解决调头资金的银行贷款多无法在一年内有效弥补。

在对"最需要的贷款品种"的考察中，有10家企业选择"一至三年贷款"，占到90.9%；只有1家选择"一年以内贷款"，占到9.1%；而没有企业选择6个月以内贷款，说明半年短期贷款对这些企业来说没有明显的作用；也没有企业选择运用承兑汇票或贴现，说明企业票据业务较少，业务面较窄。

这些企业可提供的担保方式，以"场房、土地抵押"为主，占到总频率的61.1%（频次为11）；其次为"机器设备或交通工具抵押"，占到16.7%（频次为3）；再次为"多家企业互相担保"，占到11.1%（频次为2）；"其他企业担保"和"担保公司担保"各占到5.6%（频次为1）。没有出现商品房抵押和商铺抵押，也没有出现"不能提供担保"的情况，说明企业的厂房和土地被视为最大财产，企业间的联合担保较少，尤其利用担保公司资源较少。企业都具有提供一定的担保能力，说明都具有一定的市场可发展性，只要能充分利用资金，便能够获得一定的利润空间。

可见，对企业客户而言，规模一般较小，机制有待健全，业务发展不均衡，所以造成了作为小额信贷机构的杨凌农村信用社对其资金供给的诸多阻碍。

5.6　本章小结

本章首先分析了中国农村小额信贷需求者及其需求特征，并给出其影响因素。然后分析了供给者及其供给特征，并解释其影响因素。最后分析了供求均衡状况，发现农村小额信贷供求失衡，并给出需求案例和供给案例以解释供求状态的影响因素。

第六章　中国农村小额信贷
可持续发展外部影响因素分析

农村地区小额信贷市场除了供给者和需求者的供求影响小额信贷可持续发展，还有其他一些外在因素影响小额信贷可持续发展。这些因素主要是经济因素、政治因素、传统因素和资本博弈因素。这些因素并不直接显著地影响小额信贷可持续发展，但却在不同程度上产生作用力与反作用力，通过经济环境、政策方针、思想观念以及竞争关系产生的农村金融环境对农村小额信贷的发展产生长期且极为隐蔽的影响。

6.1　经济因素

从中国近 20 年的小额信贷事业发展状况来看，中国的经济发展状况直接推动了农村地区发展，尤其是对"三农"问题的关注。城乡差距的拉大、贫困农村地区农户增收缓慢、农业整体发展的滞后等诸多方面要求在整体经济水平提升的同时，重点加大对农村地区农户的扶贫、致富力度。这为中国农村小额信贷的发展提供了平台与机遇，其发展实践也证明了对解决中国"三农"问题的有效性。

在众多的经济类影响因素中，利率与产出是起着决定性作用的两个要素。一般而言，农户申请贷款与小额信贷机构提供贷款间第一位要考虑的就是利率的高低。虽然利率在农户借贷中发挥的影响作用是复杂的，但总体而言利率的博弈是供求博弈的直观表现与决定性因素。所以对农户而言，利率成为影响他们需求并实现信贷需求的首要影响因素，对此本书前面的章节已经讨论。而对小额信贷机构而言，利率在相关政策允许内，必然以其目标客户筛选机制为核心制定，同时兼顾客户承受能力，所以在其操作手册中对利率均进行明确界定。

产出既涉及机构也涉及农户。对小额信贷机构而言，其有效产出包括两大方面：一是社会效益产出（公益性），二是经济效益产出。无论何种性质的小额信贷机构都必然考虑社会效益产出，这是由其性质决定的，否则将无法归入此类机构行列。对经济效益的关注是其自身维持发展的前提，即使纯粹的公益性机构也在不断健全与提升自身生存能力，寻找公益与自身效益的平衡点。农户更关注所贷资金经济效益的实现，没有效益，他们不会申请小额信贷，也就不会对这种信贷产生需求。当然，产出经济效益自然会产出社会效益，对农村、农户来说，这二者是紧密相连的。这源于农村中人际网络关系所形成的示范效果，并且经济的富裕为新农村建设，尤其是农村精神文明建设提供了基础与良好条件。因此，小额信贷机构在农村地区的产出状况直接联系起了借方与贷方，并且在社会效益与经济效益间架构了沟通的纽带。

6.2　政治因素

印度和孟加拉国的小额信贷危机说明政治对小额信贷机构的生死存亡有着重大影响。尤努斯的格莱珉银行在孟加拉国处于垄断地位，对经济的作用举足轻重。以此为支撑，尤努斯竞选政府领导人，对当局形成威胁，从而导致尤努斯被迫"下课"，离开自己创办的格莱珉银行。这个事件说明在发展中国家，政治对经济的干预和影响非常大。尤努斯没有处理好和政府的关系，导致他被迫离开，影响格莱珉银行的发展氛围，其发展前景堪忧。经济的发展离不开良好的政治氛围，政府支持对行业发展至关重要。对我国而言，主要是一些国家支持政策的执行情况和国家政策扶持情况。国家对"三农"问题的持续重视及解决的决心是小额信贷可持续发展的基本保障之一，虽然并不直接作用于具体小额信贷机构，但其产生的社会效果则会激发广大农村对小额信贷业务的需求；同时，国家推进金融机构从事小额信贷以及国家对其他性质小额信贷的支持与扶持政策是小额信贷供给的重要保障。所以国家的政治因素，尤其是从政治视角对由"三农"问题产生的诸多经济现象的关注，成为小额信贷事业发展的重要平台。该平台与和谐社会建设、城乡统筹发展、推进新农村建设等社会目标相吻合，以国家政策形式对中国小额信贷的可持续发展产生着全局性影响。

6.3　传统因素

传统因素多以影响需求方式出现，即对一些农村地区而言，仍然保留着大量传统社会沿袭下来的生活方式、思维习惯、经营方式，尤其有的农

村中仍然存在着较强的宗族势力，控制着村庄中人们的行为与思想，这些直接影响到农村信贷的需求情况。对此本书已在相关部分作了讨论。已有研究显示，凡是偏远的、落后的、受传统宗族文化影响大的农村地区，小额信贷事业进展缓慢，而商业气息较深、宗族影响很小的农村，即使并不贫穷，当地农户也对小额信贷有着较大需求。以此而言，一些顽固的宗族势力和其他一些落后的传统因素不排除，将阻碍到小额信贷事业的长远发展。

总体而言，随着农村更多地面对市场，多数农村地区正在快速融入现代化进程之中，其传统因素也在迅速变化。但这种变化对农村地区小额信贷可持续发展的影响仍需认真研究与评估，不可简单处理。这将是小额信贷机构今后在农村地区发展的一个重要命题。

6.4　资本博弈：基于融资担保机构发展路径的分析[①]

本书前面的章节已经介绍过，银行类金融资本、中小企业融资担保资本以及民间私人资本在农村中与小额信贷资本长期存在着博弈过程。这种博弈既影响着农户对小额信贷申请与作用的可持续，也影响着在农村地区对小额信贷的供给与需求平衡状态。

除金融类资本外，农村地区的融资担保以及民间借贷也占有重要位置，近年来发展迅速。总体而言，除去少量直接私人借贷外，融资担保类机构在农村资金中扮演着重要角色。因此此类机构成为小额信贷在农村地区最主要的博弈者，直接影响到其供求关系变动。民间借贷资本多，则小额信贷必然受到一定的削弱。反之，小额信贷在农户中占优势，则民间借贷所占份额下降。但影响到信贷的均衡并非这样简单。威胁来自于融资担保机构发展的诸多问题。对此，有必要进行针对性分析。

目前中国民间融资担保尚不健全，制度建设欠缺，存在问题较多，这与目前民间资本发展态势有较大差距，无法满足现实发展需求。2011 年在人民银行不断缩紧银根的宏观背景下，民间借贷不论是规模还是利率都几近"疯狂"程度。经济较发达地区的民间借贷曾声势浩大，而现在在经济落后的地区也出现了疯狂放贷现象。在这场"全民放贷"运动中，大量的

---

① 本书后面的章节部分分析出自罗剑朝和于转利 2011 年发表在《经济管理》的论文《中小企业融资担保机构可持续发展的路径》。

公司和个人赚取了远超做实业利润的快钱。但没有实体经济支撑的高利息是"击鼓传花"的游戏，一旦最后一棒逃离，整个游戏就会结束崩盘。一些研究者认为，这样的民间借贷如果资金是从银行流入其中，资金链条越拉越长，一旦借钱的企业经营出现问题，无法按时偿还贷款，最终会对银行产生冲击，牵连的经济体也会越来越多，从而发生所谓"中国式的次贷危机"。对此，中国民间担保机构发展的路径仍然处于迷茫之中，没有清晰界定，这又进一步加剧了这场"全民放贷"运动的不可预期性。本书后面的章节将以笔者所采集数据为基础，对中小企业（包括农村地区企业及农户客户）融资担保机构可发展路径进行研究。

在融资担保行业中，还有一种现象不可忽视，这一现象虽然被监管部门明令禁止，但却在一些地区愈演愈烈，不但扰乱金融秩序，百姓资金受侵害，而且直接影响着小额信贷业务的开展：中小企业融资担保机构的吸款、放贷现象。一方面，一些融资担保机构资金来源的重要构成之一是民间的资本，这包括了周边农村剩余资金的注入。这一状况直接影响了民间借贷的模式，间接影响到小额信贷的现实操作程度。如民间剩余资金流向中小企业融资担保机构，并取得较高回报，那么个体农户间的资金流动就会大幅减少，农户互借现象的减少就会为小额信贷的可持续发展提供较大的空间。笔者的调查发展，融资担保机构规范经营，没有开展吸储放贷业务的地区，个体农户间仍较重视村中的彼此互借；而部分农村中融资担保机构开展了吸收借款业务，那些较富裕农户愿把多余资金投向担保机构以获得较高收益，这样的村子中较贫穷农户则几乎从其他农户中得不到所需要资金。另一方面，一些融资担保机构又开展放贷业务，直接冲击农村小额信贷的实施。

2009年12月18日《重庆晚报》刊登了黑龙江省鹤岗市130多家民间贷款公司集体崩盘，20多万人的100多亿元私人贷款人间蒸发的消息。从2003年开始，鹤岗市冒出130多家贷款中介公司，其中35家是贷款担保公司。这些公司以高息为饵，在民间大量吸收借款，5年间放款群众近20万人，涉及金额100多亿元[①]。2010年和2011年，各类融资担保机构仍然存在着大量的非法吸纳存借款、非法放贷现象，而且在个别地区达到近乎

---

① 民间吸贷百家民间贷款公司崩盘：http://www.jijidai.com/article-9961.html。

疯狂的地步。2010 年，温州的各类融资担保公司已经很多，几乎每条街道上都会分布几家，让人颇感诧异。2011 年温州民间金融风暴出现，金融秩序受到严重影响，导致经济、社会秩序混乱。这是温州民间融资膨胀式发展而又没有正规有效的发展路径指引的必然结果。民间资本已告别了个人高利贷行为，转而形成担保公司、投资公司等专业机构的形式。目前该类机构多在正规金融与地下金融的边缘地带谋生，甚至把一些正规金融机构"拖下水"。有研究者发现，目前最通用的一种模式是银行—担保公司—高利贷—地下赌场。银行成为资金链条的开端，而各类担保公司又披着合法的外衣，开展高利贷业务，并直接推动了这些资金向赌场的流入。

由此可见，目前中国各类融资担保机构发展存在着诸多问题，其核心在于规范发展的路径不明确，造成非法经营大量存在。无论正规经营还是非法经营，都显著地影响着农村地区小额信贷事业的发展及其可持续性。

6.4.1 中小企业融资担保机构可持续发展路径选择与整合机制

表 6-1 简要反映出了咸阳市 6 家融资担保机构关注的核心问题，不难发现，所列出的六类问题中，有四大类较为突出，即自身的经营、与政府相关部门的关系、风险分散以及与金融机构的合作模式与力度。他们以机构为主体，构成了咸阳市担保机构生存发展的核心机制圈。无论从理论或实践而言，中小企业、融资担保机构、银行与政府相关管理部门四者以及它们间的相互关系构建了中国中小企业融资担保机构可持续发展的核心要素。

表 6-1　　　　　　　　　咸阳市担保机构关注核心问题简表

关注的核心问题 机构（性质）	融资方式	经营项目 与收益	人员素质	政府扶持 与管理	与金融机构 合作模式与力度	风险分散
1（民营）		✓		✓	✓	✓
2（市政府组建）	✓		✓	✓	✓	
3（民营）	✓	✓	✓	✓	✓	✓
4（民营）		✓		✓	✓	
5（事业法人）						✓
6（民营）		✓		✓		✓

资料来源：根据 2010 年咸阳市担保协会汇集资料及数据整理得出。

124

1997 年亚洲金融风暴，韩国推崇的大企业模式遭受巨大打击，中小企业在国民经济与科技发展中地位被进一步肯定。诸多实践表明，中小企业是现代经济活力的源泉之一，同时发挥着重要的就业吸纳作用，这一点在中国尤其明显。但不可否认，发展中国家的资金瓶颈长期阻碍了中小企业的发展。这在某种程度上阻滞了经济发展模式优化与动力的可持续。这造就了无论在金融实践还是理论研究中，中小企业的金融问题被持续高度关注现象（刘志荣，2009）。关注的主要方面包括融资缺陷问题、信用问题、资金使用问题，核心是运营资金保障及绩效问题。

中国中小企业融资担保机构自 1993 年正式出现后，经过近 20 年的发展，取得了显著的成绩，为中小企业寻找突破融资瓶颈的途径作出了重要贡献，但仍存在诸多问题。近年来的研究重点主要集中在融资渠道、管理体制、风险分散、职能发挥（黄磊等，2005）等方面。各类关系的协调与体制的创新处于核心位置，并成为可持续发展的主攻目标。

中小企业融资担保机构必然面对金融机构（银行）。现代金融理论把银行业视做测量金融市场发展程度的核心要素，银行资本管理又是该要素中的核心之一，如何管理好资本中的"出"与"进"是两个关键环节，也是矛盾的双方。对出与进两个环节的掌控与调节关键在于加强出贷管理、信用跟踪以及贷款产出效果管理，切实发挥融资担保机构对中小企业的扶持作用，此时政府相关职能部门的作用凸显了出来。

面对市场的弱点，中国的宏观调控经验已经得到了普遍认同，并被许多国家成功借鉴。理论界也对行政调控与宏观经济环境、经济秩序的关系极为关注，其密切关系已经被广泛认可。实现融资担保机构的可持续发展，政府的作用主要包括完善相关政策、加大监管力度、推进银企合作模式与保险改革等。

前面的分析提供了融资担保机构发展的核心要素构成及简明路径图，归结起来如图 6 - 1 所示。

目前研究显示，中国融资担保机构的类型主要有三种：一是以政策性担保为主体，发展信用担保体系。该类型强调政府调控与引导的作用及担保机构的服务职能，弱化盈利取向。欧美与日本的做法佐证了政策性担保的可行性，即把担保机构作为政府的专职部门。二是以商业性担保为主体，发展信用担保体系。该类型把政府作为监督者，突出市场的活力，以

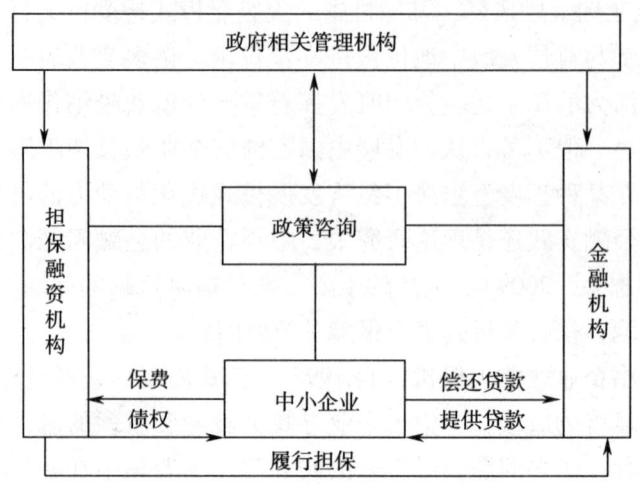

图 6 – 1　核心要素的构成及简明路径

弥补政策性担保中存在的寻租、逆向选择、服务主动性差等缺陷。三是以互助性担保为主体，发展信用体系。此类型以互助成员具有的连带责任与共同利益链条，推进信息共享与资金利用，为企业经营注入活力。同时有利于大幅削减担保成本与各项费用。

张青庚和黄洁春（2006）认为，中小企业融资担保体系的多方关系中，地方政府信用担保机构、商业性信用担保机构与互助性信用担保机构三个体系并列存在，相互独立。三者之中，活力最强、潜力最大，同时在发展中存在的问题最多的是商业性信用担保机构。如从资金方面而言，袁象等（2008）在对吉林、北京等 6 省 1 市 39 家融资担保机构的研究中发现，性质是民营的融资担保机构构成了担保资金的主要来源，占到全部资金的 58% 。对融资担保机构主体地位问题的研究已经较为深入，一些学者提出阶段论，即在担保体系建立初期以政策性担保机构为主，这缘于融资担保市场的不健全性，而随着市场的逐步深化，应逐步转向以商业性与互助性机构为主导，政府在其中主要发挥各种咨询、监督与服务功能。

一般认为，融资担保机构具备两类职能：社会职能与融资职能。黄磊等（2005）总结认为：社会职能方面，融资担保机构支持了公共事业发展、缓解了就业压力，并促进了国企改革；融资职能方面，促进了银企合作、提升了企业竞争力，尤其为中小企业提供了发展平台。商业性担保机构在这其中发挥了重要作用。中小企业融资担保机构在中国的存在与发展是由中国国情决定的，有其必然性，鉴于此更需要面对市场，统一监督管理，以赋予其在市场中公开、平等的主体地位，促进其更好地发挥各项功能。现有研究表明，融资担保机构的信用级别与其所有制性质和构成没有明显相关性。

　　表6-2表明，对市场中的融资担保机构而言，总体上所有制的歧视已表现得较为势弱；信用等级并没有被所有制结构决定，而是体现在市场对不同类型机构的主体地位的保障及其功能的发挥方面。

表6-2　　　　　　　　　　**信用级别的所有制结构特征**

所有制	A 及以上级区域		BAA 级区域		BA 级区域	
	家数	占比（%）	家数	占比（%）	家数	占比（%）
国有独资	3	33	5	18	—	—
民营	2	22	15	54	1	50
国有控股	4	45	6	21	—	—
国有参股	—	—	2	7	1	50
合计	9	100	28	100	2	100

　　基于以上分析，融资担保机构可持续发展的中心可归纳为两个环节：（1）以中小企业融资担保机构可持续发展核心要素间的有机互动为中心，加强元素内部的现代运行机制建设，激发元素内部与外部的互动，实现四元素间资源整合，优化过程与互动过程同时进行，形成综合的动力机制。（2）打破所有制差别及类型差别造成的阻隔，赋予机构主体同等的市场地位，把充分发挥政府职能机构的管理、监督、引导以及政策服务的功能与充分利用市场，发挥融资担保机构对企业、银行的桥梁作用紧密结合，推进以吸纳就业为主的社会功能与扶持中小企业发展的经济功能，激发市场动力与活力。

6.4.2　可持续发展路径模型

　　对核心要素的整合是个系统工程，如中小企业资金利用率的高低、融资信用、银行信贷机制与风险管理，政府相关职能部门的政策定位等各个环节均不可或缺。只有中小企业、银行、政府职能部门的发展状况与融资担保机构的成长这四大核心要素的建设同步进行，可持续性发展才可实现。推动中小企业融资担保业务发展的过程，也是推动各部门内资源的整

合与建设的过程。如融资担保机构组织建设突出风险控制在担保业务开展中的监督和防范作用（如图6-2所示），融资机制方面可更多地采用受益人（中小企业）共同参与，以受保人缴纳，财政、银行、社会团体为担保金的主要筹措渠道，实行企业间相互联保，这是担保业内的发展，也是四大核心要素的发展与完善过程，在有机互动中得以实现，如图6-3所示。

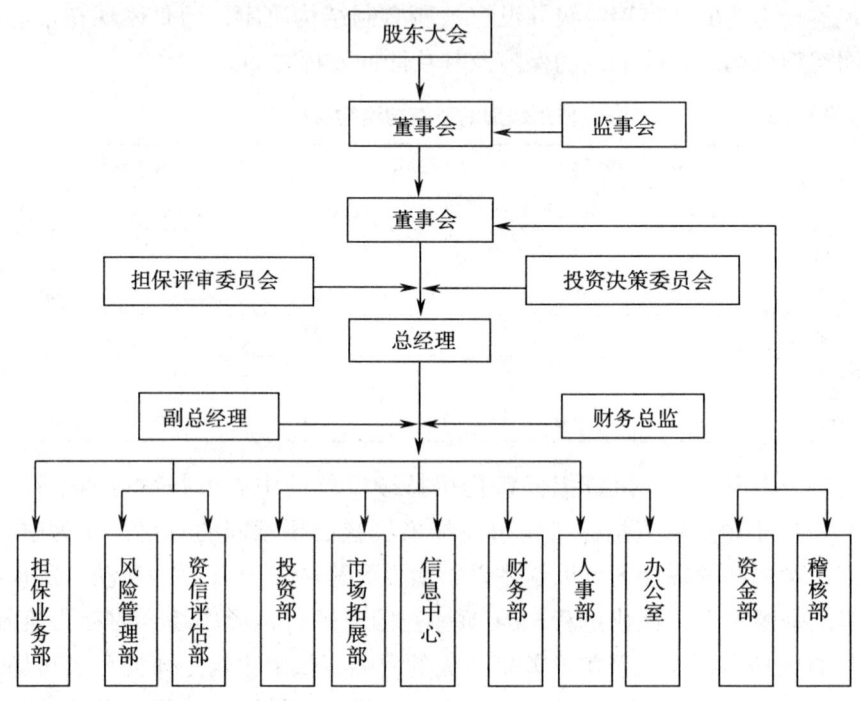

图6-2 融资担保机构组织建设图

学术界一些观点（Andrew H. Chen, 2006）认为，作为影响担保市场与机构发展的最重要因素之一就是把国家相关部门视做担保市场的管理者，把其与市场主体间界定为单向的上级指导下级关系。这造成了一种严重的认识误区：相关行政职能机构需凌驾于担保市场之上。从而给政府（担保资金的提供者）造成两难境地，企业投资的收益性与政府税收的趋减性。其模型如图6-4所示。

日本与美国政府管理中小企业信贷的经验比较成功，值得学习。日本依据《日本信用保证协会法》，由大藏省与通产省作为主管部门，融资担保机构为中小企业信用保证协会，下设52个平等主体公司，形成担保业务

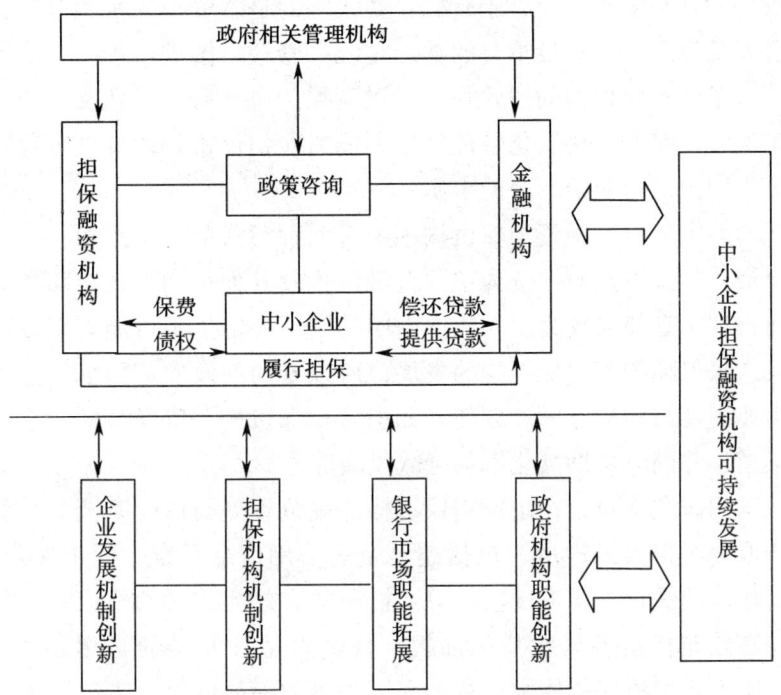

图 6 – 3　核心要素有机互动整合

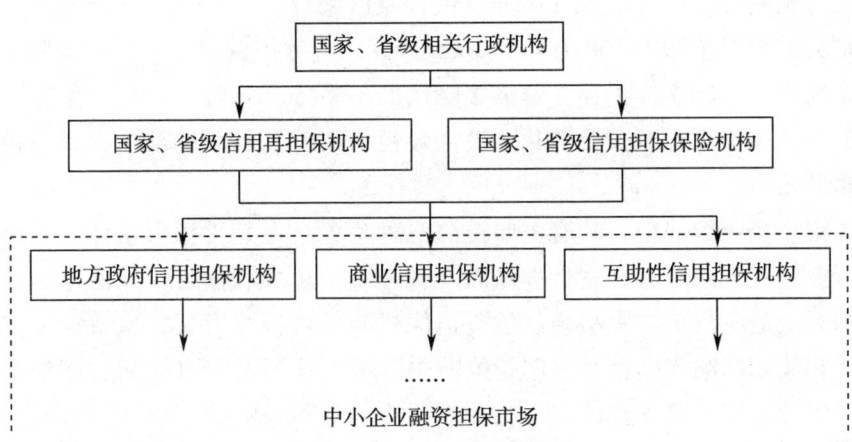

图 6 – 4　行政职能机构与担保市场的误区图

网。美国的中小企业管理局（SDA）是担保市场的主管部门，下设多个职能机构，目标为全力服务于中小企业的发展。可见，政府专职机构进入担

保市场，并且与中小企业处于有机互动状态的是融资担保机构健康持续发展的必要条件之一；其最重要的功能是统一管理、推进市场公开公平有序运行，对融资担保机构的财政扶持与风险控制也具有重要意义。无论从理论还是实践，完全的科层化管理已经不能适应担保市场的发展状况，这已经成为中国担保行业中不争的事实。

从国际实务看，融资担保机构主要有两种模式的资金来源：一是政府全额出资；二是以政府出资为主，金融机构及其他机构、社会团体共同出资。而且现实趋势表现为多元化。中国的国情决定了不可能完全以巨大的财政投入来保障融资担保机构的发展，所以专门的政府职能部门进入担保市场需要制度与职能方面的创新。如引导担保机构开辟新型的、多元化的融资渠道，并同时协助其化解与抵减风险等。

从国内研究来看，在融资担保机构的规范管理与风险防范的相关研究方面均取得了很大的进展，包括建立企业信用信息系统、信用保险机制、政策优化以及优化外部发展空间等。措施的有效实施必然要以平等的市场地位与有效地利用各自优势为前提，且这也是其发展的必然要求。2009年，咸阳市6家担保机构中，有1家因为多方面的原因，未能与商业银行合作，造成其当年未发生担保业务。而1家政策性担保机构与1家担保事业法人则利用便利的信息（企业、银行及政策等），充分获得银行的授信，分别完成担保总额14168万元和5666万元的贷款担保。可见，在咸阳的担保市场内，市场主体仍存在着诸多隐性的不平等。有效运用各项措施必然要整合主体资源，至少要消除政策性歧视。政府及其职能部门在其中扮演了重要角色。

中小企业担保中，政府主要扮演三种角色：一是再担保主体，二是担保行业的宏观调控者，三是担保风险管理者。从现状而言，任何单一的角色都无法适应与推进中小企业融资担保机构的可持续发展，这就需要把政府的相关职能纳入到整合与创新范畴中。笔者认为至少可从两方面展开创新，整合主体。首先要成立"行业发展委员会"，作为独立政府职能机构，消除多头管理，规范融资担保业务，明确担保行业业务范围与行业目标，创造公平市场空间，推广国内外先进经验，根据市场制定合理的保费率区间、合理高效的担保成数及区间代偿率（也是风险管理库的主要职责）等；同时，担保市场主体的整合意味着市场内的优化过程，这也必然成为专门职能机构的重要课题之一，如市场主体准入制度的建立、运营资本的管理及使用等。其次要成立风险管理公库。反担保措施是融资担保机构要求受担保企业提供反担保人，以减少或转嫁风险。但一般要求在一定额度或较长期贷款时才会使用。在实际操作中，风险的处理主要仍在于相关职能机构的作为情况。风险管理公库作为与行业委员会并行职能机构，以服务委员会和市场内担保主体为原则，至少包括风险研究室、风险抵减机制库和信息咨询库三个专有部门。风险研究室负责风险管理机制拟定、改革与创新；风险抵减机制库负责担保再保险制（在日本，担保再保险的实施由信用担保协会与信用保险公司签订一揽子保险合同，按一定比例向保险公司支付费用后，当发生代偿时，可获得保险公司代偿额的70%～80%的代偿）、补偿金制等削减担保机构风险的实践操作；信息咨询库为中小企业、融资担保机构以及金融机构三方提供各类信息咨询，并负责从三者中收集相关信息。Francesco Columba 等（2010）认为，Mutual Guarantee Institution（MGI）之所以在发展中国家能够更好地得到银行的授信，就在于相互担保机构中每一个成员都比银行更了解其内部成员信息，从而使其对共同基金负有联动责任。这恰好说明信息对融资担保机构的重要意义。在实际操作的担保业务中，银行往往要求担保公司承担100%的担保责任，使担保业务蜕变为质押贷款，风险管理库的主要目标就是打破此种瓶颈。总体上，这一整合过程也是相关法律法规拟定、健全与完善的过程。核心要素的有机互动、主体的整合与相关担保法律法规的出现是相互推动的。由此，形成的路径整合图如图6－5所示。

按图6－5进行路径整合，以咸阳市融资担保机构为例，下文进行简要实证分析。

6家担保机构中有2家为政策性机构，4家为民营机构。从其关注的核心问题可见，他们所关注的问题并无大的差异，但这是假象。因为，实际上，他们在政策上的地位是不同的，尤其在与银行的关系、政府财政支持以及风险分散方面。瑞邦公司仅与信用联社有少量合作。海通公司2009年发生大量代偿资金，而欠缺来自财政方面的风险分散。咸阳市信用担保有限责任公司直接由市政府出资5000万元组建，并取得了5亿元的银行授信，且可以市政府领导的批示作为筹资资本。杨凌示范区中小企业担保中心由杨凌示范区财政局全额出资，成立以来累计担保126笔，金额22350

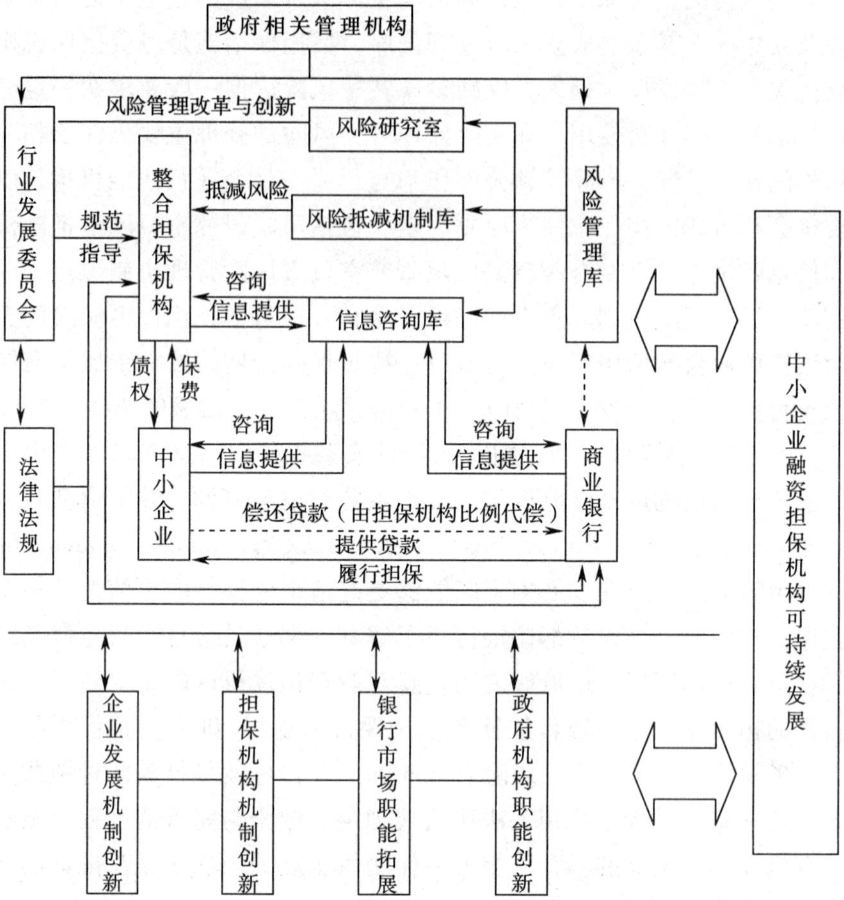

图 6-5 中小企业融资担保机构可持续发展路径整合图

万元，笔均担保金额为 177 万元，实现利润总额为 105 万元。

信用的无明显差异性恰恰说明，这种来自政策的不公平是有悖于市场规律的。但在现实操作中，以现行机制是难以实现担保市场中主体的公平性的。所以，对咸阳市担保市场内市场主体的整合（主体性的再创造）是必然的选择。主体的整合与政府相关职能机构独立化动作的产生是一致的：针对所有担保市场主体的委员会独立完成公平的政策规范与指导，针对风险控制、银企关系而设立的风险管理库独立完成担保系统内信息、风险与其他职能的统一运行工作，并对委员会负责。操作中，政策扶持要根据公平、公开、公正原则，赋予各类融资担保公司相同的机会，杜绝"马太效应"。2009 年，咸阳市组织符合条件的 3 家担保机构申请国家工信部财政资金补助，4 家申请陕西省中小企业发展专项资金补助。同样，咸阳市民营融资担保机构内的融资问题以及人员素质问题，在主体整合内也能迎刃而解。

民营融资担保机构与银行的合作是其可持续发展的关键环节，因为注册资本偏小，营运资金不足几乎是所有民营融资担保机构的共同问题。在咸阳市中小企业局注册的 16 家融资担保机构中，4 家政策性机构注册资金 1.22 亿元，12 家民营机构注册资金 2.06 亿元。融资难就是金融机构对民营担保机构信心不足，表现为不对其开展担保业务、过度压低放大倍数、使融资担保机构分担风险比例过大等。这造成与银行合作过程的不平等，欠缺风险议价能力。加之业务内容的不规范及经营风险控制的缺陷，导致咸阳融资担保机构平均收益率处于较低水平。收益率与代偿率比例失衡大幅增加资金成本，影响到融资担保机构职能的充分发挥。

可见，首先失位的是担保相关法律法规。1999 年 6 月国家经贸委发布《关于建立中小企业信用担保体系试点的指导意见》，标志着中小企业信用担保体系建设的正式启动；2000 年 8 月，国务院办公厅印发《关于鼓励和促进中小企业发展的若干政策意见》，标志着相关制度建设的开始；2004 年初，国家发展和改革委员会印发《关于中小企业信用担保机构免征营业税有关问题的通知》；2009 年 2 月，国务院办公厅印发《关于进一步明确融资性担保业务监管职责的通知》（以下简称《通知》）。根据《通知》要求，中国银行业监督管理委员会、国家发展和改革委员会等 7 部门于 2010 年 3 月联合发布《融资性担保公司管理暂行办法》（以下简称《暂行办法》）。这些意见、规章及办法对中小企业融资担保机构的发展发挥了重要的作用，但并未形成针对中小企业融资担保的法律体系，仍有许多空白地带。深入研究、制定体系化的法律法规已势在必行。其次是强化企业、融资担保机构与银行间的信息互动。信息不对等是制约民营融资担保机构发展的重要因素，而无法真实有效地了解企业的各种状况已经严重阻碍了其职能的发挥。包括民营融资担保公司对目标企业经营状况查询的受限、法院涉诉信息的不公开以及其他方面有用信息。《暂行办法》强调融资担保机构内部信息收集、管理等制度性建设，在第三十四条规定"融资性担保公司与债权人应当建立担保期间被担保人相关信息的交换机制，加强对被

担保人的信用辅导和监督，共同维护双方的合法权益"。在实际操作中，显然忽略了政府专职部门的作用以及企业主动参与到信息互动中的必要性。在整合全图中可以看到，"信息咨询库"实现了对三者信息的采集，同时完成信息的提供，实现了企业—担保机构—银行间的有机信息互动，成为担保市场可持续发展的必要前提。这一过程对三者而言也是现代企业制度形成与深化的过程，关键的环节就是突破固有的思想与发展模式约束，实现机制创新。咸阳市彬县的"彬县融资经验"（以彬县中小企业担保中心为依托，形成"政府加强协调引导、业务部门联系扶持、金融机构积极服务、中小企业诚信发展"模式。）已经凸显出了机制创新与信息互动的巨大价值性。

风险控制与分散的问题一直是困扰融资担保市场发展的关键问题之一，所占权重越来越大，也是咸阳市融资担保机构共同关注的核心问题之一。风险控制机制的落后、分散比例的畸形化以及风险补偿实际操作中的诸多难题亟待解决。由于咸阳市融资担保机构的资金、利率及人员素质各方面的问题，其风险控制并未形成机制，操作中也有诸多局限。风险的分担如果没有受到扶持政策的支持则会形成高风险率、低收益率的畸形状况。在补偿风险操作中，择优、政策性机构的优势与抵补方式选择方面都构成一种瓶颈，财政性补助多为一次性的给付。如2009年中央财政下达中小企业信用担保业务补助10亿元，用于补助330家符合条件的信用担保机构。《暂行办法》第二十三条规定："融资性担保公司应当建立符合审慎经营原则的担保评估制度、决策程序、事后追偿和处置制度、风险预警机制和突发事件应急机制，并制定严格规范的业务操作规程，加强对担保项目的风险评估和管理。"从咸阳绝大多数融资担保机构情况分析，由于受到多种条件限制，它们多处于风险的边缘，仅依靠自身减少、分散风险，处于单兵作战状态。所以，除了强化融资担保机构自身的风险防范与化解建设，还要突出政府专职部门的作用，强调市场中风险化解的机制建设，赋予每个机构同样的风险化解选择途径。这正是整合图中"风险研究室"与"风险抵减机制库"的功能所在。

根据已有的分析，笔者认为，可把中小企业融资担保机构的可持续发展路径整合分为以下几个构成进行实际操作。机构整合：赋予担保市场内所有主体以平等的主体地位以及接近开展业务的各类资源均等机会。职能整合：在政府相关部门下，设两个专职部门，实现管理引导与风险控制的效用最大化。信息整合：通过职能部门的信息收集与传递，加大担保市场内核心要素的互动，优化市场内竞争意识，提高业务质量。行业总体整合：充分发挥各元素作用，协调发展，达到效用最大化，这既是中小企业担保机构可持续发展的必然途径，也是最终目标，形成中国特色的担保市场新机制。

6.4.3　融资担保机构发展与农村小额信贷发展之间的关系

　　近年来融资担保业的迅猛发展，使中国广大农村地区，包括那些贫困落后地区也深深卷入到了这场资本游戏之中。近两年的发展实践已经表明：在广大农村地区，以中小企业融资担保形式开展的民间资本流动非常普遍，由于发展路径的不完善，导致大量欺诈现象出现，机构风险骤增，借贷链条断裂，影响了农村金融秩序以及百姓日常生活。

　　融资担保机构业务在农村中的大规模发展既是农村金融需求发展的要求，也是农民寻找投资、寻找资金来源渠道的产物，同时也是市场的必然。前文已经论述，民间资本与小额信贷是农村中的主要博弈双方，基本处于此增彼减状态。中小企业融资担保业务在农村中主要针对中小企业客户，虽不直接针对个体农户，但由于农村中小企业发展迅速，企业员工绝大部分由农户构成，因此其对农村金融影响不言而喻。基于此，本研究把中小企业融资担保机构及业务作为一项重点内容加以阐释。总体而言，也可以用"此增彼减"来形容其与农村小额信贷之间的关系。由于我国中小企业融资担保机构发展路径尚处于探索阶段，所以对这种"此增彼减"状态仍需要深入分析。

　　首先，实现中小企业融资担保机构的发展道路是必然趋势。在未实现发展路径之前，融资担保业处于相对混乱状态，这对农村金融良性发展有害而无益，直接削弱农村小额信贷的可持续发展能力：既减少了对中小企业的资金供给，也影响了资金流向小额信贷机构。

　　其次，如果融资担保业实现可持续发展路径，完善相关机制，那么其后果主要表现为两方面。一是与小额信贷机构形成良性竞争，共同满足农村地区资金需求，实现资本良性流动。二是在农村地区有大量资金需求情况下，二者相互促进，即融资担保更关注农村中小企业资金需求的满足，

小额信贷机构更关注对农户小额资金需求的满足。由以上分析可见，农村中民间借贷，尤其涉及中小企业融资担保公司的各类款项将深刻影响小额信贷事业的供求状况，并且这种状况在融资担保行业没有走上和实现上文所分析的发展路径时，其影响甚至会左右金融稳定与社会稳定。

最后，通过分析也可清晰地发现，中小企业融资担保机构的路径整合也是在规范与制度内实现有效率可持续发展的过程。这一过程的意义并不仅仅在于中小企业担保机构自身以及中小企业发展，也在于其对农村金融的影响与对农村小额信贷事业可持续发展的影响。作用于外，整体表现为规范内的效率性。

6.5　本章小结

本章分析了小额信贷供求双方以外的影响小额信贷供求可持续发展的因素——经济因素、政治因素、传统因素，尤其是资本博弈因素的影响。资本博弈因素以咸阳市中小企业融资担保机构为例，分析这类机构可持续发展对小额信贷可持续发展的间接影响。

第七章　中国农村小额信贷可持续发展评价

由于小额信贷供给在小额信贷可持续发展中占据主动地位，且发挥主导作用。因此往往以小额信贷供给可持续发展评价来代替小额信贷可持续发展的评价。小额信贷供给可持续发展评价就是对小额信贷机构动态发展能力的评价。小额信贷机构动态发展能力可从其动态生产能力展现出来。

以 DEA 模型分析小额信贷机构效率（静态）和以 Malmquist 全要素生产率评价小额信贷机构动态生产能力是目前较为常用的做法。本章以 DEA 模型对全国 30 家小额信贷机构效率进行了分析，并从技术效率、技术进步以及规模效率三方面得出机构效率（静态）的状况。同时直观地表明小额信贷机构的效率与其各部分有机构成均有着密切联系，这决定了推进机构可持续发展能力建设必然是个系统而复杂的工程。使用 Malmquist 全要素生产率对小额信贷机构可持续发展能力（动态全要素生产能力）的剖析更为深入。通过分析小额信贷全要素生产率变化的影响因素，可以衡量效率（动态）对动态全要素生产率的影响。这样就可以通过分析小额信贷机构效率（动态）来评价其可持续发展能力（动态全要素生产能力）。

7.1　小额信贷机构的 Malmquist 全要素生产率

本书前面的章节讨论分析了小额信贷机构整体可持续的各组成部分的可持续性，从整体分解研究，再从分解研究论证整体研究。这是深入研究小额信贷机构整体可持续的一种尝试。另外不可忽视的一种评价原则是供给与需求间的动态平衡的构建，通过分析小额信贷机构寻求可持续发展之路的过程，其供给状态与目标市场需求间的评价则成为其可持续发展的重要环节。

国际上通行惯例是以对小额信贷机构的评价来衡量小额信贷发展状况，并且以指标体系对小额信贷机构可持续发展进行评价。国际小额信贷扶贫协商小组（CGAP）、中国小额信贷联盟、格莱珉银行等诸多小额信贷行业协会、联盟组织均要求小额信贷机构（即会员机构）报送一定指标体

系数据，以评估与把握各小额信贷机构的发展状况。

可持续发展能力评价，对小额信贷机构而言主要是对其动态生产能力的评价。概括起来，对各类性质小额信贷机构而言，其动态生产能力代表着其目标实现程度、主次目标的均衡关系状态及机构整体发展、机构可持续各个方面的发展。动态生产能力既是机构潜在发展能力的一种外在表现，也同时决定着机构的可持续发展能力。

评价可持续发展能力运用的是 Malmquist 全要素生产率，这个 Malmquist 全要素生产率可以衡量小额信贷机构的动态生产能力，以此进一步评价小额信贷机构的动态发展能力（即可持续发展能力）。

在对生产能力的评价以及以生产能力评价小额信贷机构的可持续发展能力中，有一对关系经常困扰研究者与经营者：作为机构自身的运行效率与作为社会功能发挥者的社会效益效率。现在大多数研究者认为，对不同性质的小额信贷机构而言，对这对关系的处理在理论上有进行适当区分的必要性。农村小额信贷机构的目标客户为农村中低收入农户和急需资金的中小企业（并不完全排除有高收入者介入，对此本文不作过多讨论），将农村中无偿还能力和完全没有收入支撑的农户排除在外（应归入国家专门社会保障部门及扶贫部门考量范畴）。因此，这一理念决定了各类小额信贷机构都必然要不同程度地考量自身运行前景与收益，即使这一考量在社会目标面前稍显弱小，但凸现了作为小额信贷机构与完全的政府扶贫机构的区别。就此而言，不同类型的小额信贷机构可以适当调整两类效率的比重，但不可把二者完全割裂或抛弃其中之一，否则也就把机构自身割离出了小额信贷机构行列。

学术界大多数研究者认为小额信贷机构实现整体可持续发展包括两个主要内容，一是机构自身运行的可持续，二是机构社会效益的可持续。对任何小额信贷机构而言，社会效益的可持续是一个需求与供给的外显化，即只要存在着对小额信贷的社会需求，小额信贷机构就可以发挥其社会效益，提供必要的供给。因此社会效益就是小额信贷机构能够正常运行，并保持其产出效果的动态过程。小额信贷机构自身运行的可持续性成为其整体可持续性的核心，其自身的运行效率也就成为评价其可持续发展能力的决定性指标。鉴于此，本书前面章节也是按这一思路开展的研究。

本书第二章已经探讨效率与小额信贷可持续发展的关系及 Malmquist 全要素生产率与小额信贷可持续发展的关系。本章利用效率和 Malmquist 全要素生产率来分析小额信贷机构的效率和生产率，以衡量它们的生产能力和可持续发展能力。

7.2 样本与指标选择

样本和指标的选择是使用 DEA 和 Malmquist 全要素生产率评价决策单元（即机构）的基本要求。把样本作为决策单元，利用投入指标和产出指标运行出的结果来衡量样本的效率和全要素生产力。

7.2.1 样本选择

以下选择我国中西部地区 30 家小额信贷机构作为研究样本。由于小额信贷机构名称比较长，下文分别用机构 nm1、nm2、sx、tj、hb1、hb2、hn1、hn2、nx、shx1、shx2、shx3、shx4、gz1、gz2、gz3、yn1、yn2、yn3、gx1、gx2、gs1、gs2、gs3、gs4、gs5、gs6、qh1、qh2、qh3 代表内蒙古的两家小额信贷机构、山西的一家小额信贷机构、天津的一家小额信贷机构、河北的两家小额信贷机构、河南的两家小额信贷机构、宁夏的一家小额信贷机构、陕西的四家小额信贷机构、贵州的三家小额信贷机构、云南的三家小额信贷机构、广西的两家小额信贷机构、甘肃的六家小额信贷机构、青海的三家小额信贷机构。由于这些机构正在营业中，不方便对外公开其真实名称，这里仅用符号代替它们。样本数据为这 30 家机构 2005—2011 年的汇报数据，数据来自中国小额信贷联盟，是这些机构向中国小额信贷联盟汇报的数据。这些机构基本上是非营利的公益性的小额信贷组织，它们的创办者是政府或者社会团体、国外组织，性质是非正规金融机构，只有青海的第三家机构是正规金融机构开展的扶贫贷款。选择这些机构是因为在我国中西部地区，无论是业务还是发展都涉及众多的贫困人口。这些机构的数据也比较全面。数据中有个别值遗漏，本书根据其历年数据运用统计方法估算出该缺失值。其中 2011 年甘肃的第二家小额信贷机构和青海的第三家小额信贷机构数据缺失，本书运用移动平均法计算出此两家机构的估计值。书中这些估计值总体上不影响数据整体趋势及其真实性。

7.2.2　指标选择

到目前为止，理论界对银行投入产出变量的定义仍存在较大的分歧。对银行投入和产出变量进行定义的方法主要有三种：生产法（PA）、中介法（IA）和资产法（AA）。这三种方法的主要区别在于对银行的作用有不同的理解，进而选择不同的投入和产出变量。（1）生产法认为银行是金融产品的生产者，投入是资本和劳动力等，产出是贷款比数和存款账户数等。（2）中介法认为银行是转化储蓄为投资的中介机构，投入是资本和劳动力等，产出是存、贷额。（3）资产法也承认银行是金融中介，但认为资产负债表内的资产项目才是产出，存款项目不是产出。Berger 和 Humphrey 分析发现用生产法评价银行分支机构效率较好；而中介法评价整个银行效率是更恰当的，并且中介法评价银行获利能力效率更优越（毕功成等，2009）。小额信贷机构类似于银行，为客户提供贷款服务。因而用 DEA 方法和 Malmquist 全要素生产率法来分析小额信贷机构效率和生产率具有可行性和操作性。

国外学者选择这样的投入产出指标：Abdul Qayyum 和 Munir Ahmad（2006）选择的投入变量是每一借款者的成本和信贷官员数，产出变量是已支付的贷款。Begona Gutiérrez Nieto（2007）等测算小额信贷机构效率时使用操作费用和信贷官员数为投入变量，未偿贷款笔数、总贷款规模、利息和费用收入为产出变量。Ben Soltane Bassem（2008）选择总资产和员工数为投入变量，资产收益率和女性客户数为产出变量。Mamiza Haq 等（2010）生产法使用的投入变量是每位存款人操作成本、员工数、每位借款人操作成本，使用的产出变量是每位员工的客户数。中介法使用的投入变量是操作费用和总员工数，使用的产出变量是总存款量和总贷款组合。储保金等（2007）测算农村信用社效率时采用的投入变量是可贷资金、非利息支出及固定资产净值，产出变量是正常贷款、非利息收入及不良贷款（非期望产出）。王杰（2008）测算小额贷款公司效率时选用的投入变量是当地人均 GDP、职工人数、总资产，选用的产出变量是营业收入和累计贷款总和。

参考以上经验，使用生产法选择投入产出变量。选择的投入变量是资产总额、信贷员数和贷款余额，选择的产出变量是还款率和贷款客户数。

信贷员与资产是小额信贷机构的劳动力和资本投入。资产是小额信贷机构生存的基础，其规模影响小额信贷机构业务量。小额信贷机构的主要工作人员是信贷员，也是收款的关键人，他们的人数直接影响小额信贷机构的业绩。贷款余额是每年贷出未到期和没有偿还的贷款量，考核小额信贷机构业务好坏，归入投入变量。因为小额信贷机构不能吸储，资金来源有限，贷出未还的资金影响后面的业务开展。小额信贷机构提供金融服务给客户，其产出是贷款客户数和还款率。小额信贷机构壮大的标志是覆盖面的扩大，因而选择贷款客户数作为产出指标。贷款客户数越多，说明机构覆盖面越广。还款率关系到小额信贷机构业务好坏及其可持续发展状况，并影响其资金使用效率和贷款质量，所以选为产出变量。

普通 DEA 方法和 Malmquist 全要素生产率法都是用以上投入变量和产出变量。关于模型的导向问题，统一选择投入导向型模型。投入导向就是机构的目标是投入，在既定条件下，如何以较少的投入维持目前的产出。因为中国的小额信贷机构规模较小、条件简单，发展较慢，投入不是很多。相对而言，投入是奢侈的因素。所以在目前的水平下，维持目前的产出如何减少收入、提高效率是亟待解决的问题。下面使用普通 DEA 模型对农村小额信贷机构（或以农村小额信贷为主）进行效率（静态）分析。

7.3　普通 DEA 方法测量

非参数法是利用对偶原理和线性规划测算决策单元效率的方法。它通过对决策单元投入、产出变量的选择，评价决策单元效率水平。由于这种方法不必提前确定生产函数形式，且对样本量要求不高，所以使用较为广泛。非参数方法允许效率在一定时期内发生变动，而且不要求所有样本数据符合无效率分布假设。非参数法中数据包络分析法（DEA）应用很广。

数据包络分析法（Data Envelopment Analysis，DEA）是基于投入产出的一种非参数分析方法。DEA 方法和模型是由美国著名运筹学家 A. Charnes 和 W. W. Cooper 等首先以相对效率概念为基础发展起来的一种效率评价方法，它是研究具有相同类型的部门（或单位）间相对有效性的方法；也是处理一类多目标决策问题的好方法。该方法主要通过保持决策单元（Decision Making Unit，DMU）的输入和输出不变，借助数学规划将

DMU 投影在 DEA 前沿面上，并通过比较决策单元偏离 DEA 前沿面的程度来评价它们的相对有效性。常用的 DEA 模型主要有 CCR 模型和 BCC 模型。CCR 模型是规模报酬不变（CRS）模型，BCC 模型规模报酬可变（VRS）模型。

本书采用 BCC 面向投入导向模型分析小额信贷机构效率问题，这里分析的主要是技术效率。主要分析在不改变产出数量的情况下如何成比例地减少投入变量，即保持产出数量不变，怎样确定投入数量的适宜减少。在 VRS 假设条件下，基于投入导向的 BCC 模型如下所示：

$$\min\theta, \lambda\, \theta$$
$$s.\,t.\ -y_j + Y\lambda \geqslant 0$$
$$\theta x_j - X\lambda \geqslant 0$$
$$\sum_{j=1}^{n} \lambda_j = 1$$
$$\lambda_j \geqslant 0, j = 1, 2, \cdots, n$$

由此可以计算小额信贷机构的纯技术效率（PTE），因为小额信贷机构的技术效率（TE）等于纯技术效率（PTE）乘以规模效率（SE）。

7.3.1　运行结果分析

此处使用 DEAP2.1 软件选择投入导向的 BCC 模型测算 30 家小额信贷机构的效率。30 家机构的技术效率（静态）、纯技术效率（静态）、规模效率（静态）如表 7-1、表 7-2、表 7-3 所示。

（1）技术效率（静态）分析。技术效率即综合技术效率，它反映在现有技术水平下，机构获得最大产出的能力。从表 7-1 可以看出，这 30 家小额信贷机构的技术效率普遍较低，技术效率最低达到 0.107，总体均值在 0.6~0.7 之间。总体技术效率均值呈现波浪趋势，从 2005 年的 0.619 到 2007 年的 0.695，再从 2007 年的 0.695 到 2010 年的 0.61，最后到 2011 年的 0.685。这说明这些小额信贷机构投入过多、产能不足、没有充分利用现有技术。原本产出为 1 的机构产出却多数为 60%。小额信贷机构高投入、低回报的现状还未改变，只有达到低投入、高回报才算有效率。鉴于这些小额信贷机构绝大部分为扶贫性质的非营利机构，因此这些机构的努力目标首先是高投入下的高回报。因为它们的性质是非营利的，只要这些机构达到高投入、高回报也算有效率。

表 7 - 1　　　　30 家小额信贷机构的技术效率（2005—2011 年）

指标值	CRSTE							均值
机构	2005 年	2006 年	2007 年	2008 年	2009 年	2010 年	2011 年	
nm1	0.283	0.401	0.408	0.495	0.343	0.557	0.550	0.434
nm2	0.434	0.400	0.446	0.407	0.332	0.343	0.393	0.394
sx	0.419	0.698	0.619	0.607	0.619	0.398	0.577	0.562
tj	0.269	0.523	0.574	0.522	0.451	0.298	0.707	0.478
hb1	0.617	0.397	0.494	0.400	0.334	0.332	0.251	0.404
hb2	0.439	0.980	0.657	0.459	0.796	0.525	0.438	0.613
hn1	0.583	0.470	0.632	0.587	0.517	0.446	0.301	0.505
hn2	1	0.906	0.751	0.748	0.834	0.663	0.803	0.815
nx	0.425	0.463	0.471	0.364	0.229	0.172	0.175	0.328
shx1	1	0.834	1	1	0.872	0.929	0.750	0.912
shx2	0.606	0.601	0.813	0.902	0.949	0.800	0.971	0.806
shx3	1	0.700	0.609	0.642	0.615	0.561	0.582	0.673
shx4	0.107	1	0.883	0.716	0.427	0.360	0.448	0.563
gz1	0.816	0.540	1	1	1	1	1	0.908
gz2	0.651	0.549	0.903	0.627	0.636	0.653	0.816	0.691
gz3	0.874	1	0.940	1	1	0.821	0.928	0.938
yn1	1	1	0.376	0.389	0.440	0.471	0.653	0.618
yn2	1	0.803	1	0.926	0.840	0.823	0.930	0.903
yn3	0.375	0.401	0.572	0.508	0.435	0.437	0.421	0.450
gx1	0.683	0.542	0.867	0.607	0.624	0.591	0.643	0.651
gx2	0.795	0.808	0.854	0.640	1	0.958	0.937	0.856
gs1	1	0.663	0.792	1	0.700	0.820	0.783	0.823
gs2	0.757	0.428	0.623	0.633	0.613	0.800	0.821	0.668
gs3	0.594	0.803	0.738	0.772	1	1	1	0.844
gs4	0.470	0.714	0.428	0.797	0.401	0.293	0.446	0.507
gs5	0.366	0.566	0.540	0.515	0.527	0.452	0.522	0.498
gs6	0.355	0.448	0.735	1	0.557	0.602	0.973	0.667
qh1	0.230	0.261	0.596	0.544	0.610	0.638	1	0.554
qh2	0.421	0.549	0.522	0.632	0.636	0.553	0.736	0.578
qh3	1	1	1	1	1	1	1	1
mean	0.619	0.648	0.695	0.681	0.645	0.610	0.685	

表 7 - 2　　　30 家小额信贷机构的纯技术效率（2005—2011 年）

指标值 机构	VRSTE							均值
	2005 年	2006 年	2007 年	2008 年	2009 年	2010 年	2011 年	
nm1	0.391	0.538	0.523	0.621	0.536	0.710	0.809	0.590
nm2	0.700	1	0.917	1	1	0.895	1	0.930
sx	0.495	0.921	1	0.675	0.733	0.411	0.653	0.698
tj	0.269	0.670	0.708	0.749	0.579	0.429	0.787	0.599
hb1	0.933	0.786	1	0.819	0.781	1	1	0.903
hb2	0.441	1	1	0.743	1	1	0.616	0.829
hn1	1	1	1	1	1	1	0.685	0.955
hn2	1	0.960	1	1	1	1	1	0.994
nx	0.600	0.573	1	1	1	1	1	0.882
shx1	1	1	1	1	1	1	0.810	0.973
shx2	0.774	0.649	0.931	1	1	1	1	0.908
shx3	1	1	1	0.953	0.903	0.949	0.944	0.964
shx4	1	1	1	0.871	0.666	0.788	0.562	0.841
gz1	0.874	0.540	1	1	1	1	1	0.916
gz2	1	1	0.940	0.824	0.784	1	1	0.935
gz3	0.976	1	1	1	1	0.851	0.944	0.967
yn1	1	1	0.547	0.476	0.462	0.619	0.907	0.716
yn2	1	0.854	1	1	0.909	0.853	0.943	0.937
yn3	0.377	0.411	0.593	0.564	0.445	0.595	0.475	0.494
gx1	0.846	0.544	1	1	1	1	1	0.913
gx2	0.951	0.869	1	0.643	1	0.975	0.972	0.916
gs1	1	0.674	1	1	1	1	0.818	0.927
gs2	0.939	0.433	0.827	0.717	0.826	1	1	0.820
gs3	0.594	0.830	0.776	1	1	1	1	0.886
gs4	1	0.730	0.677	0.808	0.808	0.753	0.857	0.805
gs5	0.464	0.731	0.616	0.666	0.704	0.604	0.642	0.632
gs6	0.357	0.477	0.883	1	0.990	0.826	0.990	0.789
qh1	0.250	0.287	0.625	0.621	0.619	0.672	1	0.582
qh2	0.423	0.620	0.602	0.769	0.757	0.675	0.777	0.660
qh3	1	1	1	1	1	1	1	1
mean	0.755	0.770	0.872	0.851	0.850	0.853	0.873	

表 7 - 3　　30 家小额信贷机构的规模效率（2005—2011 年）

指标值	SCALE							均值
机构	2005 年	2006 年	2007 年	2008 年	2009 年	2010 年	2011 年	
nm1	0.725	0.745	0.780	0.797	0.641	0.784	0.680	0.736
nm2	0.619	0.400	0.486	0.407	0.332	0.383	0.393	0.431
sx	0.847	0.758	0.619	0.899	0.845	0.969	0.884	0.832
tj	0.999	0.781	0.810	0.697	0.780	0.694	0.898	0.808
hb1	0.661	0.505	0.494	0.489	0.427	0.332	0.251	0.451
hb2	0.996	0.980	0.657	0.618	0.796	0.525	0.712	0.755
hn1	0.583	0.470	0.632	0.587	0.517	0.446	0.440	0.525
hn2	1	0.944	0.751	0.748	0.834	0.663	0.803	0.820
nx	0.708	0.807	0.471	0.364	0.229	0.172	0.175	0.418
shx1	1	0.834	1	1	0.872	0.929	0.926	0.937
shx2	0.782	0.926	0.873	0.902	0.949	0.800	0.971	0.886
shx3	1	0.700	0.609	0.673	0.681	0.592	0.617	0.696
shx4	0.107	1	0.883	0.822	0.641	0.456	0.797	0.672
gz1	0.934	1	1	1	1	1	1	0.991
gz2	0.651	0.549	0.961	0.761	0.812	0.653	0.816	0.743
gz3	0.896	1	0.940	1	1	0.965	0.983	0.969
yn1	1	1	0.687	0.818	0.953	0.761	0.721	0.849
yn2	1	0.940	1	0.926	0.925	0.966	0.986	0.963
yn3	0.997	0.976	0.965	0.901	0.977	0.735	0.887	0.920
gx1	0.807	0.997	0.867	0.607	0.624	0.591	0.643	0.734
gx2	0.836	0.930	0.854	0.995	1	0.982	0.964	0.937
gs1	1	0.984	0.792	1	0.700	0.820	0.957	0.893
gs2	0.806	0.988	0.754	0.884	0.742	0.800	0.821	0.828
gs3	0.999	0.967	0.952	0.772	1	1	1	0.956
gs4	0.470	0.978	0.633	0.986	0.497	0.390	0.521	0.639
gs5	0.789	0.773	0.877	0.773	0.748	0.748	0.813	0.789
gs6	0.994	0.939	0.833	1	0.563	0.729	0.983	0.863
qh1	0.920	0.911	0.953	0.876	0.985	0.949	1	0.942
qh2	0.994	0.885	0.868	0.822	0.841	0.818	0.947	0.882
qh3	1	1	1	1	1	1	1	1
mean	0.837	0.856	0.800	0.804	0.764	0.722	0.786	

分年份来看，2005 年技术效率达到 1 的机构有 7 家，分别是 hn2、shx1、shx3、yn1、yn2、gs1、qh3。2006 年技术效率达到 1 的机构有 4 家，分别是 shx4、gz3、yn1、qh3。2007 年技术效率达到 1 的机构有 4 家，分别是 shx1、gz1、yn2、qh3。2008 年技术效率达到 1 的机构有 6 家，分别是 shx1、gz1、gz3、gs1、gs6、qh3。2009 年技术效率达到 1 的机构有 5 家，分别是 gz1、gz3、gx2、gs3、qh3。2010 年技术效率达到 1 的机构有 3 家，分别是 gz1、gs3、qh3。2011 年技术效率达到 1 的机构有 4 家，分别是 gz1、gs3、qh1、qh3。

从单个机构来分析，qh3 的效率最好，每年都达到技术效率标准值 1，在技术效率前沿面上。其次是 gz3，其 7 年的技术效率平均值为 0.938，有 3 年处于技术效率前沿面上，分别为 2006 年、2008 年、2009 年。然后是 shx1，其 7 年的技术效率均值为 0.912，且 2005 年、2007 年、2008 年位于技术效率前沿面上，技术效率值为 1。接下来是 gz1，7 年的技术效率均值为 0.908，有 5 年技术效率值为 1，在 2007 年、2008 年、2009 年、2010 年和 2011 年。其后是 yn2，其 7 年的技术效率平均值是 0.903，有 2 年处于技术效率前沿面上，是 2005 年和 2007 年。其余的机构技术效率 7 年均值都低于 0.9，最差的是 nx，7 年技术效率均值为 0.328。说明在现有产出水平下，该机构需要大量缩减规模，减少投入，提高技术效率。

（2）纯技术效率（静态）分析。纯技术效率值衡量在不考虑规模因素影响下的小额信贷机构效率状况，即机构的管理、操作技术水平，也即投入要素在使用上的效率。从表 7－2 看出，这 30 家机构的纯技术效率不高，总体均值在 0.7～0.9。总体纯技术效率均值先增后减再增，从 2005 年的 0.755 到 2007 年的 0.872，从 2007 年的 0.872 到 2009 年的 0.85，再从 2009 年的 0.85 到 2011 年的 0.873。这表明这些小额信贷机构没有充分利用现有的投入，机构还处在投入浪费阶段，24.5%～12.7% 的投入闲置，没有任何产出。这些小额信贷机构需要提升管理水平、掌握小额信贷专业技术，争取把现有的投入充分利用好，使这些投入有所产出、不浪费。

单个机构的纯技术效率都在 0.25 以上，最高达到 1，差异性较大，不过达到 1 的机构和年份增多。分年份来看，纯技术效率值达到 1 的机构 2005 年有 11 家，2006 年有 10 家，2007 年最多有 16 家，2008 年、2009 年和 2010 年各有 14 家，2011 年有 12 家。分机构来看，有 1 家机构每年纯技术效率都达到 1，这家机构是 qh3，它的纯技术效率均值为 1，在所有机构中位居第一。有 3 家机构的纯技术效率除了 1 年未达到 1，其他 6 年均达到 1，这 3 家机构是 hn2、shx1 和 hn1。有 4 家机构的纯技术效率值有 5 年达到 1，它们是 gs1、gz1、gx1、nx。其余的不再赘述。7 年纯技术效率均值在 0.9 到 1 之间的机构有 14 家，最高的机构是 hn2，这家机构的纯技术效率除了 2006 年为 0.96，其他年份均为 1，最终其纯技术效率均值为 0.994，位居第二；位居第三的是 gz3，它的 7 年纯技术效率均值为 0.967，它有 4 年纯技术效率均值达到 1。7 年纯技术效率均值最低的机构是 yn3，它的纯技术效率均值为 0.494，它每年的纯技术效率都在 0.6 以下。说明这家机构现有的管理水平不高，需要提高。总体而言，这 30 家小额信贷机构的总体管理水平不高，对现有技术的利用并未到位。

（3）规模效率（静态）分析。与纯技术效率不同，规模效率反映了机构的规模经济性，表明机构现有的产出与投入比例是否适当，在现有的投入条件下是否达到产出最大化。表 7 - 3 数据表明，这 30 家机构的规模效率一般，各年总体均值在 0.722 以上。这 30 家机构的总体规模效率均值波动性较强，先增加，后递减，再增加，又减少。这表明这些小额信贷机构的规模不经济，随着投入的增加，产出却没有跟上。在现有投入下，产出未达到最大化。因此这些机构需要在现有投入下增加产出，提升产出量。

分年份来看，2005—2011 年规模效率值达到 1 的机构分别为 7 家、5 家、4 家、6 家、5 家、3 家和 4 家。规模效率值达到 1 的机构和年份减少，分机构来看，只有 qh3 规模效率值各年都达到 1，处于规模有效状态，其 7 年规模效率均值也最高。7 年规模效率均值在 0.9 ~ 1 的机构有 8 家，gz1 最高，达到 0.991，所有机构中位居第二；其次是 gz3，达到 0.969，所有机构中位居第三。规模效率最差的是 nx，其规模效率均值为 0.418。hb1 的规模效率逐年递减，绝对的规模报酬递减。

这 30 家小额信贷总体技术效率均值在 0.7 以下，投入的资金和人力 30% 闲置，存在大量投入冗余现象。总体技术效率均值先增后减，在 2007 年达到最大值。这些小额信贷机构的规模效率均值在 2005 年和 2006 年大于其纯技术效率均值，在 2007 年、2008 年、2009 年和 2010 年及 2011 年小于其纯技术效率均值。说明 2007 年以前总体技术效率增加是由于管理等纯技术效率增加所致，2007 年之后总体技术效率减少是由于规模效率降低

引起的。2007 年之前总体技术无效是纯技术效率无效引起的，2007 年之后是规模无效导致的。

7.3.2 结论

从效率（静态）的高低来看：效率最高的是 qh3，其次是 gz3、shx1、gz1，最差的是 nx。纯技术效率最好的有三家机构：qh3、hn2、gz3。纯技术效率最低的机构是 yn3。规模效率最好的机构是 qh3，规模效率最差的是 nx。规模效率趋势最差的是 hb1，规模效率逐年递减。

这 30 家小额信贷机构效率普遍较低，急需提高效率（静态）。小额信贷机构技术效率低的原因是规模效率和纯技术效率都低，导致其乘积技术效率低。总体来讲，小额信贷机构无论是管理等纯技术手段，还是规模等组织环境都需要改善（这可以从表 7-2 和表 7-3 看出）。我国小额信贷机构面临经营困境，主要是管理水平低、规模小，在现有条件下投入冗余、产出不足。目前，小额信贷机构除了加强内部管理、改善经营现状，还要扩大规模、利用规模经济来提高机构的覆盖率，另外还需要充分利用现有投入要素，提高产出规模。急需改善的是 nx，该机构的管理跟不上，规模扩大后效益下降。该机构存在大量的资源浪费和资金的闲置。在现有产出下，该机构需要大量缩减规模，减少投入，提高技术效率，提高产出。管理急需改善的是 yn3，该机构大约一半的管理无效，对现有要素的使用是无效的。它需要改善管理方式，提高纯技术效率，突破目前困境。规模效率亟待提高的是 hb1，该机构的规模效率逐年递减，需要在现有规模下提高产出，或者不增加投入。这说明该机构扩大规模不利于机构的发展，应找出规模上升、效益下降的原因后再图大的发展。这说明机构的性质、经营方式及管理水平对小额信贷机构的效率产生重要影响。

效率最高的是 qh3，这是从数据本身得出的结论。但是根据研究青海机构的一些学者的调研、小额信贷研究权威专家的发现以及笔者与权威专家的探讨，笔者认为 qh3 的数据有误报、虚报嫌疑，和其实际的经营状况反差较大。这也给本书的研究带来窘境，致使笔者得出该机构效率最高的结果。从机构提供的数据分析，这个机构虽然贷款量大，覆盖面广，但是坏账多，还款率低，利润少。这个机构虽然报告年年盈利，从 2005 年到 2011 年各年净利润都为正，但是其上千万元的贷款业务换来几十万元的利润、有些年是几万元的利润。高投入、低回报的特点很明显，尤其是还款率的一路走低致使其经营面临较大的困境，资金坏账率居高不下，经营成本过高。这都会影响机构的持续经营，拖垮机构。由于数据所限，本书得出的结论有局限，仅仅对运用新计量方法探讨小额信贷机构效率作出新的尝试。

了解中国农村小额信贷机构效率（静态）情况后，在此基础上分析中国小额信贷机构的动态生产能力非常必要。小额信贷机构的动态生产能力也代表了其可持续发展的基础和潜力。

7.4　Malmquist 全要素生产率评价[①]

在多投入多产出情况下，全要素生产力可以测量总的生产产出与总的使用投入的比率。Malmquist 全要素生产率是 C. C. D. 等（1982）提出的，用于测量机构或组织的生产能力改变情况（刘大成，2009）。

7.4.1　方法与模型

Malmquist 指数最早由 Malmquist 于 1953 年提出，1982 年 Caves 等率先将此指数应用于生产率变化的测量，此后与 Charnes 等 1978 年建立的 DEA 理论相结合，大量应用在生产率测量研究中，并且研究者普遍采用 Fare 等 1994 年构建的基于 DEA 的 Malmquist 指数运算（袁晓玲和张宝山，2009）。在构造 Malmquist 指数时不必提前假设决策单元的行为模式，并且它能被分解成几项指数的乘积，从而得到更细致的动态结果。Malmquist 指数是计算全要素生产率非常有效的方法，它既能进行横向比较，又能够对同一决策单元的效率进行纵向比较以反映效率（动态）的时序变化趋势（柯孔林和冯宗宪，2008）。基于 Malmquist 全要素生产率的优点，本部分运用 DEA 的 Malmquist 全要素生产率来测算小额信贷机构 5 年内的全要素生产率变化值（动态），同时挖掘全要素生产率变化背后的原因，即效率（动态）的影响作用。

根据 Fisher（1922），Caves、Christensen 和 Diewert（1882b）的思路，

[①]　以下分析来自于转利和罗剑朝 2011 年发表在《金融论坛》上的文章《小额信贷机构的全要素生产率——基于 30 家小额信贷机构的实证分析》。

s 期到 t 期的 Malmquist 全要素生产率（投入导向）① 为

$$m_i(q_s, x_s, q_t, x_t) = \left[\frac{d_i^s(q_t, x_t)}{d_i^s(q_s, x_s)} \times \frac{d_i^t(q_t, x_t)}{d_i^t(q_s, x_s)} \right]^{\frac{1}{2}} \tag{7.1}$$

$$m_i(q_s, x_s, q_t, x_t) = \frac{d_i^t(q_t, x_t)}{d_i^s(q_s, x_s)} \left[\frac{d_i^s(q_t, x_t)}{d_i^t(q_t, x_t)} \times \frac{d_i^s(q_s, x_s)}{d_i^t(q_s, x_s)} \right]^{\frac{1}{2}} \tag{7.2}$$

全要素生产率变化（此模型为规模报酬不变情况下的分解）

式中：s 代表 s 期；t 代表 t 期；i 代表投入导向。公式左边代表全要素生产率变化，公式右边第一项代表技术效率变化，第二项代表技术变化。

$$tfpch = m_i(q_s, x_s, q_t, x_t) = 全要素生产率变化 \tag{7.3}$$

$$effch = \frac{d_i^t(q_t, x_t)}{d_i^s(q_s, x_s)} \tag{7.4}$$

公式（7.4）的右边项是规模报酬不变下的效率变化，即技术效率变化。此处并未考虑规模报酬可变，所以未标出下标 c。

因为技术效率是纯技术效率和规模效率的乘积。纯技术效率实际上是规模报酬可变下的技术效率，而规模效率实际上是规模报酬不变下的技术效率除以规模报酬可变下的技术效率。由此在规模报酬可变下，效率（技术效率）变化（$effch$）可分解为

$$effch = \frac{d_{iv}^t(q_t, x_t)}{d_{iv}^s(q_s, x_s)} \times \left[\frac{d_{iv}^s(q_s, x_s)}{d_{ic}^s(q_s, x_s)} \bigg/ \frac{d_{iv}^t(q_t, x_t)}{d_{ic}^t(q_t, x_t)} \right] \tag{7.5}$$

公式（7.5）右边第一项是纯技术效率变化（$pech$），第二项是规模效率变化（$sech$）。v 表示规模报酬可变，c 表示规模报酬不变。

最后得出以下等式：

$$\frac{d_i^t(q_t, x_t)}{d_i^s(q_s, x_s)} = \frac{d_{ic}^t(q_t, x_t)}{d_{ic}^s(q_s, x_s)} \tag{7.6}$$

等式（7.6）两边含义是一样的，都是指规模报酬不变下的技术效率变化。等式左边未考虑规模报酬可变情况，没有标出下标 c。等式右边考虑规模报酬可变情况，标出下标 c。

$$pech = \frac{d_{iv}^t(q_t, x_t)}{d_{iv}^s(q_s, x_s)} \tag{7.7}$$

---

① 此公式来自蔡跃洲和郭梅军 2009 年发表在《经济研究》上的文章《我国上市商业银行全要素生产率的实证分析》。

公式（7.7）右边项表示纯技术效率变化，此处考虑规模报酬可变情况。

$$sech = \left[\frac{d_{iv}^s(q_s,x_s)}{d_{ic}^s(q_s,x_s)} \Big/ \frac{d_{iv}^t(q_t,x_t)}{d_{ic}^t(q_t,x_t)} \right] \qquad (7.8)$$

公式（7.8）右边项表示规模效率变化，此处考虑规模报酬可变情况。

所以 $effch = pech \times sech$，即效率变化等于纯技术效率变化乘以规模效率变化。

$$techch = \left[\frac{d_i^s(q_t,x_t)}{d_i^t(q_t,x_t)} \times \frac{d_i^s(q_s,x_s)}{d_i^t(q_s,x_s)} \right]^{\frac{1}{2}} = 技术变化 \qquad (7.9)$$

由此可以得到

$$tfpch = effch \times techch = pech \times sech \times techch \qquad (7.10)$$

这里技术效率变化、技术变化、纯技术效率变化、规模效率变化综合影响全要素生产率变化。这个全要素生产率是动态的生产率即动态的生产能力，可以衡量机构动态的发展能力即可持续发展能力。而这些效率和技术也是动态效率和变化中的技术。

计算结果中，若这五项指标中任一项指标值大于 1，则表示该期内该项指标改进、提高或增加；等于 1 表示不变；小于 1 表示退步、降低或减少。由此可以得出全要素生产率的分解指标，可以对其作比较全面细致的解析。

7.4.2　运行结果分析

本部分以 30 家小额信贷机构基础数据为对象，采用 DEAP2.1 软件，选择投入导向，测算 2004—2009 年逐年的 Malmquist 生产率变化及其分解，得到中国小额信贷行业整体 Malmquist 生产率变化及其分解，结果如表 7 - 4 和表 7 - 5 所示。表中指标含义：effch 是技术效率变化指数，代表综合技

表 7 - 4　　　　　各年 30 家小额信贷机构平均

全要素生产率变化指数及其分解情况

年份	effch	techch	pech	sech	tfpch
2004	1.114	0.697	1.056	1.055	0.776
2005	1.091	0.852	1.163	0.938	0.930
2006	0.973	0.948	0.976	0.997	0.923
2007	0.925	1.032	0.993	0.931	0.954
2008	0.933	0.990	1.003	0.931	0.924
2009	1.125	0.862	1.033	1.089	0.970
mean	1.023	0.890	1.036	0.988	0.910

表 7 – 5　　　　　　　　30 家小额信贷机构平均
全要素生产率变化指数及其分解情况

机构	effch	techch	pech	sech	tfpch
nm1	1.117	0.896	1.129	0.989	1.001
nm2	0.984	1.013	1.061	0.927	0.997
sx	1.055	0.896	1.047	1.007	0.946
tj	1.175	0.869	1.196	0.982	1.021
hb1	0.861	0.994	1.012	0.851	0.856
hb2	1	0.902	1.057	0.946	0.902
hn1	0.896	1.003	0.939	0.954	0.898
hn2	0.964	0.743	1	0.964	0.717
nx	0.862	0.932	1.089	0.792	0.804
shx1	0.953	0.819	0.965	0.987	0.780
shx2	1.082	0.870	1.044	1.037	0.942
shx3	0.914	0.849	0.990	0.923	0.776
shx4	1.269	0.722	0.908	1.397	0.916
gz1	1.035	0.967	1.023	1.012	1.001
gz2	1.038	0.982	1	1.038	1.020
gz3	1.010	1	0.994	1.016	1.010
yn1	0.932	0.803	0.984	0.947	0.748
yn2	0.988	1.006	0.990	0.998	0.994
yn3	1.019	0.905	1.039	0.981	0.922
gx1	0.990	1	1.028	0.963	0.990
gx2	1.028	0.966	1.004	1.024	0.992
gs1	0.960	0.572	0.967	0.993	0.549
gs2	1.014	0.846	1.011	1.003	0.858
gs3	1.091	0.913	1.091	1	0.996
gs4	0.991	0.877	0.975	1.017	0.870
gs5	1.061	0.890	1.055	1.005	0.944
gs6	1.183	0.926	1.185	0.998	1.095
qh1	1.278	0.797	1.260	1.014	1.018
qh2	1.098	0.926	1.107	0.992	1.016
qh3	1	0.981	1	1	0.981
mean	1.023	0.890	1.036	0.988	0.910

术效率变化情况；techch 是技术变化指数，代表技术进步情况；pech 是纯技术效率变化指数，代表管理等纯技术效率变化情况；sech 是规模效率变化指数，代表规模效率变化情况；tfpch 是全要素生产率变化指数，代表全要素生产率变化情况，也就是总体生产力情况。

　　表 7-5 是 30 家小额信贷机构平均全要素生产率变化指数及其分解。总体来看，小额信贷机构全要素生产率有所下降，各年全要素生产率指数都低于 1，各年均值为 0.91。小额信贷机构全要素生产率下降主要是由技术进步缓慢和规模效率不足导致。因为此两项指标分别为 0.89 和 0.988，均低于 1。从时间序列来看，全要素生产率指数呈现不稳定趋势，波动性较大。2005—2006 年最低，为 0.776；2006—2007 年升高，达到 0.93；2007—2008 年略有下降，是 0.923；2008—2009 年又升到最高，为 0.954；2009—2010 年又下降为 0.924；2010—2011 年升至最高，为 0.97。这说明小额信贷机构全要素生产率下降的幅度忽大忽小，但总体下降的幅度减缓。下降的原因主要是技术进步指数较低，除了 2008—2009 年大于 1，其余年份都小于 1，且各年均值为 0.89；而规模效率指标除了 2005—2006 年和 2010—2011 年大于 1，其余年份均低于 1，各年均值小于 1 影响了综合效率指标的提升。分年份来看，2005—2006 年小额信贷机构全要素生产率下降主要是技术进步指数引起的，其余指标均大于 1，并没产生负面影响。2006—2007 年技术进步指数和规模效率指数都小于 1，导致全要素生产率指数小于 1，全要素生产率下降，但是下降幅度较上一年减缓。2007—2008 年所有的指标都小于 1，不过全要素生产率较上一时期稍有下降。这个时期，全要素生产率指数下降的原因在于综合技术效率指数和技术进步指数，综合技术效率指数的下降由纯技术效率指数和规模效率指数下降引起。2008—2009 年比较特殊，技术进步指数大于 1，全要素生产率指数、综合技术效率指数、纯技术效率指数和规模效率指数均小于 1。全要素生产率下降由综合技术效率下降引起，而综合技术效率下降由纯技术效率和规模效率下降引起。全要素生产率下降幅度较上一时期下降幅度明显减少。2009—2010 年除了纯技术效率指数，其他的指数均小于 1。全要素生产率下降稍多，主要是由规模效率下降导致综合技术效率下降引起。2010—2011 年除了技术进步指数，其他指数都大于 1。技术进步缓慢最终导致全要素生产率下降，但是下降幅度是观察期最小的。

变动原因分析：2005 年是小额信贷年，世界小额信贷行业蓬勃发展。我国小额信贷业也迎来它的发展机遇。2005—2006 年中央对小额信贷的支持和推进，促使小额信贷机构规模效率上升，从业者信心大增，加强管理，纯技术效率增加，综合技术效率升高。但是由于扩张迅速，技术跟不上，技术进步滞后，影响了总体生产力的提高。这种状况持续到 2007 年，规模效率带来的效益有所降低，规模效率也下降，但是总体生产力下降减缓。2007—2008 年，世界金融危机，我国也受到影响。小额信贷机构无论是管理水平、技术水平还是规模都下降，从而引起总体生产力下降，不过下降幅度与前一时期持平。2008—2009 年，小额信贷机构从金融危机中吸取教训，革新技术，改善管理，从危机中慢慢走出来。但是，规模问题影响了综合技术效率的提高，也影响了总体生产力的改善。2009—2010 年，银监会为了缓解农村金融服务不足问题，大力发展农村新型金融机构，这对于推广小额信贷大有裨益。因为这些农村新型金融机构中有些是小额信贷机构，有些则采用小额信贷模式。它们在现有技术的前提下，改进管理，从而推动小额信贷纯技术效率的提高；但是其规模效益还未显现。2010—2011 年，印度小额信贷危机影响全球，全球小额信贷发展放缓。中国的小额信贷也吸取其教训，在原有规模上加强管理，使纯技术效率提高、指数大于 1；而 2009 年以后的推进，到 2010 年显示出规模效率，因此规模效率提高、指数大于 1。但是由于技术进步慢的影响，最终导致此阶段全要素生产率下降。

由表 7-5 可知，全要素生产率指数大于 1 的机构有 8 家，其中有 4 家机构 3 项指数都不小于 1，4 家机构各个分解指数中有 2 项指数小于 1。全要素生产率指数最高的是 gs6，这家机构的全要素生产率为 1.095，其中综合技术效率和纯技术效率有改进、指数大于 1；技术进步和规模效率方面稍欠缺、指数小于 1。机构的综合技术效率和纯技术效率对全要素生产率的提高有促进作用，而技术进步和规模效率对全要素生产率提高有阻碍作用。总体上促进的作用大于阻碍的作用，最终全要素生产率上升。但是该机构技术进步方面和资源配置方面存在问题，技术退步、配置效率降低影响了机构的产出的增加。全要生产率指数第二的机构是 tj，这家机构的情况和 gs6 类似，不再赘述。全要素生产率指数第三的机构是 gz2，此机构的技术进步指数小于 1，其余的指数均不小于 1。技术进步对全要素生产率有阻碍作用，综合技术效率、纯技术效率和规模效率对全要素生产率有促进作用。促进作用大于阻碍作用，最终全要素生产率上升。但是该机构现有的技术不足以支撑该机构的发展，该机构需采用新技术来发展小额信贷业务，以期获得更大的提高。全要素生产率排在 gz2 之后的是 qh1，该机构的全要素生产率指数分解情况和 gz2 类似，不再详述。紧随其后的是机构 qh2，它的情况和 gs6 类似，不再叙述。全要素生产率排在第六位的机构是 gz3，该机构的纯技术效率指数小于 1，其他的指数均不小于 1。纯技术效率降低影响了全要素生产率的提高，不过其他三个指标维持不变或者提高对全要素生产率有促进作用。最终机构的全要素生产率上升。但是该机构的管理存在不足，机构管理过程中没有有效利用现有技术。如果改进管理，有效利用现有技术，该机构的产出增加幅度可能更大。

以上是全要素生产率较好的机构，以下是全要素生产率较低的机构。有 5 家机构全要素生产率较低，指数小于 0.8，分别是 gs1、hn2、yn1、shx3、shx1 这几家。其中，gs1 的全要素生产率最低，只有 0.549。该机构的技术进步指数为 0.572，技术滞后严重影响该机构全要素生产率提高；当然其他的指标如规模效率指标、纯技术效率指标和综合技术效率指标也在 1 以下，但是它们在 0.96 以上，虽然规模经济、现有管理及现有技术的利用存在问题，但是其对全要素生产率的负面影响较小。其次是 hn2，该机构的全要素生产率是 0.717。该机构的纯技术效率为 1、规模效率和综合技术效率为 0.964，技术进步指数为 0.743。该机构的管理还可以，没有对全要素生产率产生负作用；但是规模不足、投入产出的配置比例不适当及技术未完全发挥作用影响全要素生产率的提升；而且该机构的技术革新也较慢，主要影响了全要素生产率的增加。yn1、shx3、shx1 这三家机构的全要素生产率在 0.75 左右，技术进步指数在 0.8 以上，规模效率指数、纯技术效率指数和综合技术效率指数均在 0.9 以上。这三家机构全要素生产率的各项分解指数都下降，而技术进步指数下降比其他指数多，它们共同导致全要素生产率降低。这说明这三家机构的技术进步不足、规模不足和管理不善及对现有技术的利用都存在问题，所以机构的全要素生产率降低。

总体来看，30 家小额信贷机构整体全要素生产率指数小于 1，主要是由于技术进步指数和规模效率指数小于 1 引起的，即规模效率低和技术进步缓慢致使小额信贷机构生产率下降。

7.4.3 结论

  小额信贷机构的总体全要素生产力处于下降趋势，因为表中小额信贷机构的全要素生产率均值小于1。影响其总体生产力下降的因素主要是技术进步慢，因为其技术进步指数均值小于1。总体上小额信贷机构的技术投入落后，导致其生产力下降。说明小额信贷机构对于小额信贷的核心技术并未掌握，其他方面投入再多，也不可能提升其生产力。其次的影响因素是规模下降，规模效益不足，也引起小额信贷机构总体全要素生产力降低。因为表中可见小额信贷机构的规模效率指数均值小于1。这说明我国小额信贷机构总体上规模较小，没有达到规模经济。小额信贷机构总体投入的规模与总体产出不匹配，没有达到产出最大化。小额信贷机构总体全要素生产力的第三影响因素是管理方面。总体上小额信贷机构的管理有所改进，基本可以利用现有技术使产出最大化。这个因素对机构总体全要素生产力没有负面影响。最后一个影响小额信贷机构总体全要素生产力的因素是综合技术利用方面。小额信贷机构总体上可以利用现有技术发展小额信贷，促使产出增大。总体上小额信贷机构的综合技术发挥正面作用，但是由于规模方面的问题影响其效用的发挥。不过它最终促进小额信贷机构总体全要素生产力的提升。

  小额信贷行业具有脆弱性。生产力下降幅度具有波动性，不稳定。这些变化受国家政策和经济环境影响较大。2005年国家对小额信贷行业的重视和支持，促使其发展壮大，规模上升。2008年金融危机影响小额信贷机构运行环境，小额信贷机构的技术水平，管理水平，规模都下降，经营受到威胁。2009年由于我国正规金融机构对小额信贷的支持和推广，小额信贷规模扩大，管理有改进，但是没有出现规模经济。2010年受印度小额信贷危机的影响，我国小额信贷行业在现有基础上注重规模和管理，达到规模经济和管理改进，但是技术未跟上行业发展。小额信贷行业的30家小额信贷机构中有8家机构全要素生产力上升，22家小额信贷机构全要素生产力下降。不到三分之一的机构生产力提高，多于三分之二的机构生产力降低，行业整体生产力不行。基于此，小额信贷机构应该尽快转型，掌握小额信贷核心技术，利用规模经济提高整体行业的核心生产力。技术进步方面应该开发新产品，制定科学合理的信贷流程，启用一些信贷管理信息系统。规模方面增加信贷员数，开设信贷分支机构，扩展经营区域，提高覆盖率和还款率，使产出能够和投入相匹配。

在与相关专家的探讨中，从侧面发现 qh3 的运营情况与使用数据测算得出的结论有较大差异。该机构使用 5~6 员工管理 9000 多个客户，1000 多万元的贷款余额只换来几十万元的利润，小额信贷的还款率仅为 40% 左右，机构的效率过低。上千万元的资产仅盈利上万元，如此低的还款率和高的拖欠率很难长久支撑，但是该机构汇报数据年年有盈利。这表明一些小额信贷机构在对外进行信息披露时，存在着弄虚作假的现象。这不但不利于对中国小额信贷研究的深入开展，误导研究者与政策制定者，更可能危害小额信贷行业内的运行机制与竞争氛围，使行业发展偏离正确的方向。

以上两种方法从不同角度对中国小额信贷机构效率（静态）和生产能力（动态）作出衡量，目的是以此为基础评价中国小额信贷可持续发展能力。

综上可知，中国农村小额信贷机构可持续发展能力不强，呈减弱趋势。这主要是小额信贷机构的技术投入不足所致，而且小额信贷机构规模效率（动态）不高也对此有影响。另外，小额信贷机构的管理等纯技术效率（动态）也影响了这一状态。据此可知，中国小额信贷可持续发展能力较弱，除了技术影响外，效率（动态）成为另外的影响因素。中国小额信贷行业要达到可持续状态还需要在技术、规模和管理方面加大投入。

7.5　本章小结

本章利用普通 DEA 模型和 Malmquist 全要素生产率测量中国小额信贷机构效率（静态）及生产能力（动态），从侧面衡量小额信贷机构可持续发展潜力。通过对中国小额信贷机构效率和全要素生产能力的评价，发现中国小额信贷机构生产能力呈下降趋势，即可持续发展能力下降。下降的原因主要是技术进步缓慢，其次是规模效率（动态）的影响。继而可知中国小额信贷可持续发展能力较弱，除了技术投入，也受效率（动态）制约。

第八章 结论与政策建议

本书以中国农村小额信贷可持续发展理论为基础，从农村小额信贷机构可持续发展、农村小额信贷需求可持续发展两个方面分析其影响因素，并探讨了二者均衡发展的影响因素，然后进一步分析了以农村金融市场中资本博弈为主的均衡之外的因素。最后，在前文分析基础上，以效率和 Malmquist 全要素生产率来评价中国小额信贷可持续发展水平，得出相应结论，并提出相应的政策建议。

8.1 研究结论

小额信贷可持续发展是一个系统工程，既要考虑小额信贷机构自身的可持续（供给方），也要考虑客户（以农户为主）的可持续；影响因素多种多样，既有外部的也有内部的，既有显性的也有隐性的。作为一个系统工程，不可独立地研究与应用其中某一类或方面，而应该从全局出发，以多策并举的战略、围绕重点的策略、紧抓核心不放的做法来推进中国小额信贷事业健康可持续发展。

8.1.1 影响因素具有关联性

首先，中国小额信贷可持续发展可从多个视角切入研究，如小额信贷机构可持续发展、需求主体可持续发展（以农户为主、兼顾中小企业）、供给与需求的均衡视角等。无论从何种视角切入，都不可以妄下结论置其他因素于不顾。

按常规思维，每一切入视角都有自身的特点与影响因素，这又是总体影响因素下的次级影响因素，即通过直接影响每一视角内的中国农村小额信贷可持续从而作用于全局视角内的可持续性。如对小额信贷机构可持续发展中主要包括了资金来源可持续的影响因素、制度可持续的影响因素、贷款实施可持续的影响因素、财务可持续的影响因素等方面，其作用模式如图 8 - 1 所示。

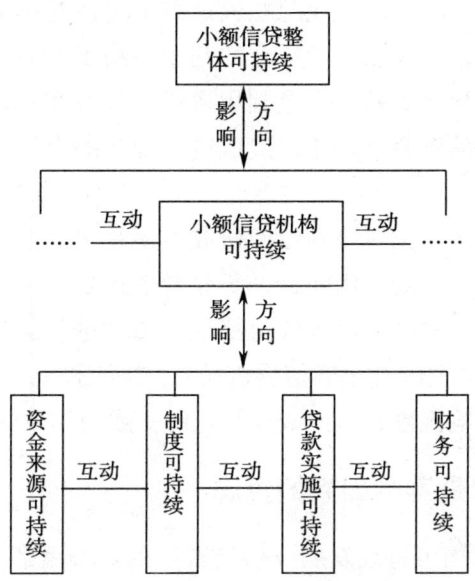

图8－1　小额信贷可持续发展影响因素作用结构简图

其次，应对小额信贷中的信用风险，需要运用可持续发展思维，综合考虑多种影响因素。随着中国小额信贷事业的发展，在规模扩大、机构数量增加、效益产出不断提高的同时，也要注意小额信贷中潜在的信用风险。对此，已经有学者关注这方面的研究。曾之明和岳意定（2010）认为，目前中国小额信贷中存在的信用风险主要包括无抵押导致的信用风险、借款人信用产生的道德风险、征信制度导致的评级失真、外部条件制约带来监管困难以及农村金融环境恶化引发的信任危机等方面。他们认为，构建适宜农村小额信贷的信用制度势在必行，以保障"贷款—借款—还款"路径的实现。解决的办法有：完善征信体系、优化评级制度、广泛推行农村"小组联保贷款"制度、加强小额信贷运行的信用风险监测、健全征信法规和信用奖惩机制、加强农户诚信教育与改善金融生态环境等。

信用风险在实践操作中主要涉及需求主体的"兼业"问题。吕京娣和吕德宏（2011）认为农户兼业会影响小额信贷农户的还款行为，农户兼业程度和农户还款行为呈正相关关系，即非农户还贷率大于兼业农户还贷率，而兼业农户还款率大于纯农户还贷率。他们还发现影响小额信贷农户还贷率最重要的因素是贷款利率和农户年总收入额。

通过分析发现，农户的兼业问题就是需求主体对小额信贷资金的利用获得产出效率的问题。非农户对资金的利用率高于兼业农户，纯农户因为完全把资金用于种植与养殖，资金利用率低，收益在三者中最低。这一问题的核心是纯农业的资金低效益，造成这一现状的有许多因素，这需要从多种视角综合解决。

实际上，无论对信用风险的专门研究，还是对兼业行为的研究，都是可持续发展思维下的实践应用问题，研究者也正是运用了在小额信贷可持续发展中多种影响因素的作用方式与路径的差异进行深入分析的。从需求主体（农户）、供给主体（小额信贷机构）、制度建设、外部监管与环境等多个视角考察其影响因素，从而减少与化解实践操作中的信用风险。

8.1.2 效率是影响因素的灵魂

（1）效率是机构可持续发展（供给者）的核心因素。只有小额信贷机构实现效率发展，才能够实现资金来源可持续、制度可持续、贷款实施可持续和财务可持续。同时，效率发展的出现也正是这些不同视角中的机构可持续的整体表现。影响小额信贷机构可持续的内部、外部、显性、隐性因素最终通过机构的效率程度体现于外。

一些研究关注小额信贷机构资金来源问题，尤其关注"批发贷款"模式的运用。批发贷款是解决资金来源可持续的一条重要途径，其核心是推进小额信贷机构走向市场，向市场要资金，向市场要效率，以效率实现资金来源的可持续，从而为整个机构的可持续发展打下基础，创造条件。如王海静（2011）认为，推动妇联组织的小额信贷由项目型向机构型转变符合小额信贷行业专业化与正规化的整体发展趋势，在实践操作中也具有积极的现实意义：可提高管理效率、降低成本，实现机构的财务自负盈亏，实现财务方面的可持续，为更多的中低收入妇女提供有效的信贷服务。

对小额信贷机构人员的考核激励体系研究代表着学术界对制度可持续研究的逐步深入。目前，中国的小额信贷事业仍属于劳动力密集行业，信贷员的工资支出一般占经营费用的60%左右。信贷员是开展小额信贷的主体，如何发挥发挥他们的才能，这是机构发展的关键因素之一。另外，目前小额信贷事业中信息不对称也需要必要的激励制度，让工作人员全身心投入，不致其行为偏离组织目标。在市场中求生存与发展也必然要求实施对信贷员激励机制。

总体而言，其视角也是关注小额信贷机构内人员的效率产出，可以说，这一效率是小额信贷机构制度可持续弹性最大的部分，好的考核激励制度可以大大提高机构运行效率，推进制度可持续，相反则会大大削弱制度的持续性，并直接削弱机构整体的可持续性。

（2）效率是小额信贷需求（以农户为主）可持续发展的直观体现。小额信贷需求主体的可持续，本书前面的章节已经分析，农村小额信贷需求主体包括了农户与农村小型企业。小额信贷需求的可持续包括申请小额信贷的持续性、规范使用信贷以及按时归还信贷三大方面。农户自身因素、信贷机构制度因素（包括工作人员因素）以及资本博弈因素三方面构成了影响小额信贷需求可持续的主要因素。无论从何种视角分析，小额信贷的效率都构成了影响因素中最为核心的内容。

从农户自身因素而言，他们所关注的是自身对小额信贷资金利用的效率，即能为他们获取收益作出贡献。其衡量标准是资金收益大于资金成本。对此本书已经在相关部分作了分析。对小额信贷机构参与市场博弈而言，这是他们最主要的博弈资本之一，即社会产出：对客户有了社会效益。这是其实现经济产出的基础，从而实现自身的可持续发展（经济可持续与社会效益可持续），在市场博弈中占据有利位置。因此，无论从小额信贷机构（供给者）还是农户或中小企业（需求者），效率都是目前中国小额信贷事业可持续发展的直观体现。实现效率发展（经济效率与社会效率）即体现了其可持续发展，相反，则其可持续存在问题。

农村小额信贷需求可持续的困境之一是需求者（以农户为主）的道德选择困境。庞瑞芝等（2010）通过对动态博弈模型的分析认为运用开发性金融理论指导小额信贷的运作可以降低农民的道德风险，保证小额信贷机构的成功运作和可持续发展。他们认为，发挥政府在小额信贷运作中的重要作用、促进小额信贷中信用担保机制建设、发挥信贷员在小额信贷实践中应有的作用是应对小额信贷中农户道德风险的有力措施。这与前文分析的多措并举应对信用风险有相似之处。其共同目的就是提高需求主体对资金的合理有效利用，使出现供给方与需求方双赢的局面。毫无疑问，核心还是效率问题，只有效率提高了，农户取得收益，机构也获得一定收益，其他措施才会真正发挥实效。

8.1.3　总体可持续发展能力较弱

中国农村小额信贷可持续发展能力较弱，原因是总体全要素生产力下降。小额信贷机构的总体全要素生产力处于下降趋势，技术进步慢是主要影响因素。中国农村小额信贷机构技术进步慢导致行业整体生产力下降。相对而言，中国农村小额信贷机构规模小、达不到规模经济引起规模效率不足，这致使其全要素生产力降低。中国农村小额信贷机构管理有改善，对其全要素生产力没有负面影响。但是管理仍是中国农村小额信贷机构的硬伤。

中国农村小额信贷机构效率普遍较低。小额信贷机构技术效率低的原因是规模效率和纯技术效率均较低所致。总体来讲，小额信贷机构无论是管理等纯技术效率，还是规模等组织环境都需要改善。我国小额信贷机构面临的经营困境，主要是来自管理水平低、规模太小两方面。

8.2　政策建议

根据以上研究结论，本书给出以下政策建议。

8.2.1　多措并举促发展

合理利用多种影响因素推进农村小额信贷可持续发展。既然中国农村小额信贷可持续发展受到多种因素影响，这些因素又不可分割、共同发挥作用，那么研究小额信贷可持续发展的影响因素，就要坚持合理有效利用诸多因素，扬长避短，多措并举共同推进农村小额信贷的可持续发展。

综合利用各类影响因素时，要区分内部因素与外部因素，这源于作用机制的不同。内部因素强调机构的自身调节能力与发展能力，是市场化作用的结果，所以让小额信贷机构面对市场是一种必然选择，只有在市场中，积极的内部因素才能够真正被调动起来，而消极的内部因素在市场中逐步被克服。从长远分析，即使纯粹公益性的小额信贷也不能违背这一规律。

市场竞争过程中，资本的博弈扮演了越来越重要的角色。目前中国农村金融市场秩序尚未定型，各类资本"鱼龙混杂"，尤其民间资本在各类融资担保机构的名义下暗流涌动，这些直接影响着农村小额信贷事业的发展。本书专门针对融资担保机构进行了讨论，正是源于其在农村金融市场中发挥的重要影响力，在其影响下，农村中民间借贷在 2010 年后极度盛行，甚至出现了 2011 年下半年民间借贷对全国金融形势的不利影响。正因为如此，在综合利用各类影响因素当中，对以融资担保机构为主体的民间金融要进行制度性建设，为农村金融市场中的合规有序竞争创造条件。

8.2.2 以效率促发展之路

（1）小额信贷机构面对市场谋求生存与发展。除了前面的影响因素分类法，还可以将其分为政府宏观政策类影响因素、市场类影响因素两大类。政府宏观政策类左右着金融整体格局，但这一影响因素多是稳定而有序的，按国家对"三农"问题的重视以及对贫困地区发展经济的支持力度而言，中国农村小额信贷机构在其中只会享受到政策方面的优惠，而不会是打击。

但无论何种性质的小额信贷，都必须面对市场的挑战，即使公益性小额信贷也必须面对市场来确定目标客户、制订实施方案、开展绩效评价。离开了市场意识就失去了客户需求，就会陷入到一种"文化贫困"之中。只有机构自身注重效率才会促使借贷者珍惜借贷资金，激发他们在市场中谋生与发展，从而提高自身的经营产出。

（2）注意自身效益的同时，兼顾社会效益，加大社会绩效产出。目前，中国小额信贷市场中还存在着公益性与商业性小额信贷之分，一些学者也对这些机构进行了分类性研究。杜晓山等（2011）认为，公益性小额信贷机构在社会目标制定、理事会成员构成、对贫困客户的市场定位、产品服务、对妇女的关注、对社区的责任等方面有更多的社会绩效的考虑。商业性小额信贷机构普遍缺乏社会绩效管理机制，如理念、目标、战略、制度和措施等。

他们认为，总体而言，我国小额信贷行业对社会绩效及管理仍处于低水平，甚至简单认为把无抵押小额贷款提供给农户就是社会绩效的内容，这与国际上的认识存在较大差距。国际上先进的小额信贷机构开始开展内部社会绩效管理，把其社会目标纳入内控系统和绩效考核之中，并把相关信息对外公布。诸如此类为我国小额信贷机构的可持续发展提供了一种借鉴。

针对"贫困户"在小额信贷事业中依"效率原则"被边缘化的现象，程恩江和刘西川（2010）认为，农村小额信贷坚持了市场机制、分权和信贷机构与人员到村的原则，取得了较好的扶贫效果。针对"贫困户"在贯彻市场化思路的小额信贷中被逐步边缘化现象，他们认为坚持农村金融市场化的方向才能起到更好地发挥小额信贷的支农效果，同时也应该探讨财政支农的可行路径。

由以上分析可见，社会效益的产出也必须注重效率，只有在市场中提升效率才能产出社会效益。社会绩效与边缘化问题才有可能逐步解决。

（3）中国农村小额信贷机构要提高效率以改善生产力。本书研究的30家小额信贷机构效率普遍较低，同时受限于管理水平低、规模小。除加强内部管理、改善经营现状，还要扩大规模、利用规模经济来提高机构的覆盖率。

首先是管理效率的改善。要引入新的管理模式，提高小额信贷机构管理水平。目前小额信贷机构沿袭旧的管理方式，专业管理人员不多，水平有限。对此要提高管理者管理水平和技巧，改善运营效率、降低运营成本。此外，大胆引进新的管理方法，可以利用国际计划无偿转让的小额信贷管理软件，建立信息化的管理模式，以此保证小额信贷机构的健康发展。

其次是规模效率的提高。在合理范围内扩大小额信贷机构覆盖率，以规模效益求得机构的可持续发展。国际实践经验证明，覆盖面与机构可持续之间有矛盾的地方。但覆盖率高，信贷单位成本降低，有利于小额信贷机构盈利，在合理范围内扩大小额信贷机构组织规模是可行的。

8.2.3　以技术创新促发展

针对小额信贷机构全要素生产力低，技术进步慢的情况，笔者认为可以从以下方面入手来改进其技术状况：

改进小额信贷机构信贷技术，利用微型金融信贷技术武装信贷员。可以借鉴国际上流行的微型金融培训技术培训员工，利用科学严格的信贷技巧保证目标客户获得贷款并按时归还贷款，以提高小额信贷机构的资金使用效率。

建立小额信贷机构风险防范基金，保证小额信贷机构遭遇各种风险时可以自救自保。这种基金可以由一家机构自己组建，也可以由几家小额信贷机构联合组建，互助共济、互惠互利。由于小额信贷机构资金来源不稳定，因而自我抵御风险能力较弱，有了风险基金，可以在遇到危机时渡过难关。

除此之外，中国小额信贷机构要根据实践，开发新技术，在复制孟加拉国模式的基础上有所突破。随着时间的推移和经济的发展，新的需求需要新的技术满足。新技术对传统团体贷款和分期付款要批判地利用，在此基础上研发新产品，开发科学的信贷技术，使用先进的信贷管理信息系统。

探寻新的小额信贷机构营运模式，以期待高的配置效率和生产能力。一方面，小额信贷机构改进自身治理模式和管理方法以期待配置效率和管理效率的提升，并以规模经济提高行业整体的核心生产力。另一方面，探寻小额信贷机构新的经营模式，使新模式立足当地、服务本土，才有生存根基和发展空间。

总之，小额信贷机构要可持续发展必须注重效率，以效率为基础来安排机构资源。加大小额信贷技术投入，并适当扩大规模获得规模经济。

结束语

在查阅资料和实地调研过程中,从理论和实践中笔者深感农村金融的脆弱性。农村小额信贷需求者众多,深受正规金融信贷配给的约束,融资需求无法实现。农村小额信贷机构可以满足需求者的小额度信贷需求,帮助受正规金融排斥的低收入者获得信贷资金。农村小额信贷机构实力悬殊,总体供给能力有限,无法完全满足需求者的资金需求。农村小额信贷发展陷入窘境,可持续发展乏力。小额信贷生产能力的提高变得更为迫切,如何使农村小额信贷机构和农村小额信贷需求者都达到可持续发展成为重大的理论与现实问题。

通过多视角多层次研究,笔者在中国农村小额信贷可持续发展方面提出一些见解。有些内容与观点首次被提出,希望对以后的研究能够起到一定的积极作用。中国农村小额信贷可持续发展的影响因素间具有关联性,因此小额信贷可持续发展是一个系统工程,既要考虑小额信贷机构的可持续(供给者)发展,也要考虑客户(以农户为主)的可持续发展。小额信贷机构可持续发展的影响因素和小额信贷需求可持续发展的影响因素之间互相影响。要重视目前以融资担保机构为主的民间资本运作,关注其对农村小额信贷可持续发展的影响。效率是中国农村小额信贷可持续发展的灵魂。效率是小额信贷机构(供给者)可持续发展的核心因素。只有小额信贷机构实现效率最优,才能够实现小额信贷机构可持续发展的四个内容。效率是小额信贷需求(以农户为主)可持续发展的直观体现。目前看来,中国农村小额信贷可持续发展能力较弱。中国农村小额信贷机构生产能力较弱,原因是总体全要素生产力下降。小额信贷机构总体全要素生产力下降的主要因素是技术进步慢。

本书受以下几项课题资助:教育部"长江学者和创新团队发展计划"创新团队"西部地区农村金融市场配置效率、供求均衡与产权抵押融资模式研究"(项目编号:IRT1176)、国家自然科学基金"西部农村金融市场开放度、市场效率与功能提升政策体系研究"(项目编号:71073126)、

2010 年度高等学校博士学科点专项科研基金课题"我国农村小型金融机构试点运行绩效评价与支持政策研究"（项目编号：20100204110030）。

　　由于时间和精力有限，本书也存在一些不足之处。由于调研地点选择的限制，论文研究所获取的数据偏于某类机构，对其他类型的机构没有涉及，不够全面。在调研过程中有机构人员陪同可能会降低调查的真实性。本着对学术的热衷、对中国农村建设与发展的关注，笔者在以后研究中会不断提高学术研究质量，解决不足。

附录：小额信贷机构可持续发展主要评价指标

1. 总体资产表现。

资产回收表现（Return on Assets），定量公式为资产回收表现＝（营业净利－课税）/平均资产总额（（Net Operating Income-Taxes）/ Average Total Assets）；

权益回收表现（Return on Equity），定量公式为权益回收表现＝（Net Operating Income-Taxes）/ Average Total Equity；

运营自给率（Operational Self Sufficiency）定量公式为运营自给率＝财务收益／（财务费用 ＋ 净减值损失＋操作成本）Financial Revenue ／（Financial Expense ＋ Net Impairment Loss ＋ Operating Expense）。

2. 收益表现。

资产收益表现（Financial Revenue/Assets），定量公式为资产收益表现＝财务收益／平均总资产（Financial Revenue ／ Average Total Assets）；

利润边际表现（Profit Margin），定量公式为利润边际表现＝营业净利/财务收益（Net Operating Income ／ Financial Revenue）；

名义投资产出表现（Yield on Gross Portfolio（Nominal）），定量公式为名义投资产出表现＝出贷组合的财务收益/平均出贷组合（Financial Revenue from Loan Portfolio ／ Average Gross Loan Portfolio）；

实际投资产出表现（Yield on Gross Portfolio（Real）），定量公式为实际投资产出表现＝（名义投资产出表现－通货膨胀率）/（1＋通货膨胀率）（（Yield on Gross Portfolio（Nominal）-Inflation Rate）／（1 ＋ Inflation Rate））。

3. 费用表现。

总体费用表现（Total Expense/Assets），定量公式为总体费用表现＝（财务费用＋净减值损失 ＋营业费用）／平均总资产（Financial Expense ＋ Net Impairment Loss ＋ Operating Expense）／ Average Total Assets；

贷款损失表现（Provision for Loan Impairment/Assets），定量公式为

贷款损失表现 = 贷款减值损失/平均总资产（Impairment Losses on Loans / Average Total Assets）；

经营费用表现（Operating Expense/Assets），定量公式为经营费用表现 = 经营费用/平均总资产（Operating Expense / Average Total Assets）；

人工成本表现（Personnel Expense/Assets），定量公式为人工成本表现 = 人工费用/平均总资产（Personnel Expense / Average Total Assets）；

管理费用表现（Administrative Expense/Assets），定量公式为管理费用表现 = 管理费用/平均总资产（Administrative Expense / Average Total Assets）。

4. 效率表现。

营业费用效率表现（Operating Expense/Loan Portfolio），定量公式为营业费用效率表现 = 营业费用/平均总出贷组合（Operating Expense / Average Gross Loan Portfolio）；

人工成本效率表现（Personnel Expense/Loan Portfolio），定量公式为人工成本效率表现 = 人工成本/平均总出贷组合（Personnel Expense / Average Gross Loan Portfolio）；

工资收入效率表现（Average Salary/ GNI per Capita），定量公式为工资收入效率表现 = 人均费用/人均国民收入（Average Personnel Expense / GNI per Capita）；

贷款者成本表现（Cost per Borrower），定量公式为贷款者成本表现 = 营业费用/主要贷款者平均人数（Operating Expense / Average Number of Active Borrowers）；

贷款笔数成本表现（Cost per Loan），定量公式为贷款笔数成本表现 = 营业费用/平均未结贷款笔数（Operating Expense / Average Number of Loans Outstanding）。

5. 风险及流动性表现。

短期风险表现（Portfolio at Risk > 30 days），定量公式为短期风险表现 = （过期30天出贷组合未清余额 + 重新商谈中的出贷组合）/出贷总额（Outstanding Balance, Portfolio Overdue > 30 days + Renegotiated Portfolio / Gross Loan Portfolio）；

长期风险表现（Portfolio at Risk > 90 days），定量公式为长期风险表

现 = （过期 90 天出贷组合未清余额 ＋ 重新商谈中的出贷组合）／出贷总额
（（Outstanding Balance, Portfolio Overdue ＞ 90 days ＋ Renegotiated Portfolio-o）／ Gross Loan Portfolio）；

坏账表现（Write-off Ratio），定量公式为坏账表现 = 贷款坏账/平均总出贷组合（Value of Loans Written-off ／ Average Gross Loan Portfolio）；

贷款损失表现（Loan Loss Rate），定量公式为贷款损失表现 = （冲抵坏账）/平均总出贷组合（Write-offs-Value of Loans Recovered）／ Average Gross Loan Portfolio；

风险覆盖表现（Risk Coverage），定量公式为风险覆盖表现 = 减值损失储备/短期风险表现（Impairment Loss Allowance ／（PAR ＞ 30 Days））；

非营利性流动资产表现（Non-earning Liquid Assets as a % of Total Assets），定量公式为非营利性流动资产表现 = 现金及银行券/总资产（Cash and Banks ／ Total Assets）。

6. 客户特征表现。

参加企业内培训客户人数（Number of clients participating in enterprise training）；

参加企业内培训客户人数比例（Percentage of clients participating in enterprise training）；

参加教育培训客户人数（Number of clients participating in education courses）；

参加教育培训客户人数比例（Percentage of clients participating in education courses）；

参加妇女充权培训客户人数（Number of clients participating in women's empowerment training）；

参加妇女充权培训客户人数比例（Percentage of clients participating in women's empowerment training）；

创造工作岗位（Number of formal jobs created）。

7. 生产力表现。

员工客户表现（Borrowers per Staff Member），定量公式为员工客户表现 = 积极客户数/员工数（Number of Active Borrowers ／ Number of Personnel）；

员工款项表现（Loans per Staff Member），定量公式为员工款项表现＝突出贷款笔数/员工数量（Number of Loans Outstanding / Number of Personnel）；

官员客户表现（Borrowers per Loan Officer），定量公式为官员客户表现＝积极客户/贷款官员（Number of Active Borrowers / Number of Loan Officers）；

官员款项表现（Loans per Loan Officer），定量公式为官员款项表现＝突出贷款笔数/官员数（Number of Loans Outstanding / Number of Loan Officers）；

员工存款者表现（Depositors per Staff Member），定量公式为员工存款者表现＝存款者人数/员工人数（Number of Depositors / Number of Personnel）（这一定量指标主要针对兼营小额信贷业务的金融机构而言）；

员工配备表现（Personnel Allocation Ratio），定量公式为员工配备表现＝官员数量/员工人数（Number of Loan Officers / Number of Personnel）。

8. 效率表现。

贷款者成本表现（Cost per Borrower），定量公式为贷款者成本表现＝营业费用/主要贷款者平均人数（Operating Expense / Average Number of Active Borrowers）；

贷款笔数成本表现（Cost per Loan），定量公式为贷款笔数成本表现＝营业费用/平均未结贷款笔数（Operating Expense / Average Number of Loans Outstanding）。

9. 风险及流动性表现。

短期风险表现（Portfolio at Risk ＞ 30 days）；

长期风险表现（Portfolio at Risk ＞ 90 days）；

坏账表现（Write-off Ratio）；

贷款损失表现（Loan Loss Rate）；

风险覆盖表现（Risk Coverage）；

非营利性流动资产表现（Non-earning Liquid Assets as a % of Total Assets）。

参考文献

[1] 毕功兵，梁樑，杨锋．商业银行 DEA 效率评价投入产出指标选择研究 [J]．管理评论，2009 (6)：10 - 16.

[2] 蔡跃洲，郭梅军．我国上市商业银行全要素生产率的实证分析 [J]．经济研究，2009 (9)：52 - 65.

[3] 曹子娟．中国小额信贷发展研究 [M]．北京：中国时代经济出版社，2006.

[4] 陈常领，丁万成．山东嘉祥县小额信贷带动 28 个养殖专业村 [N]．今日信息报，2008 - 12 - 29.

[5] 陈浪南，谢清河．我国小额信贷研究 [J]．农业经济问题，2002 (3)：35 - 40.

[6] 程恩江，Abdullahi D. Ahmed．信贷需求：小额信贷覆盖率的决定因素之一——来自中国北方四县调查的证据 [J]．经济学，2008，7 (4)：1391 - 1414.

[7] 程郁，韩俊，罗丹．供给配给与需求压抑交互影响下的正规信贷约束：来自 1874 户农户金融需求行为考察 [J]．世界经济，2009 (5)：73 - 82.

[8] 褚保金，张兰，王娟．中国农村信用社运行效率及其影响因素分析——以苏北地区为例 [J]．中国农村观察，2007 (1)：11 - 23.

[9] 褚保金，卢亚娟，张龙耀．需求影响因素实证研究——以江苏省泗洪县为例 [J]．江海学刊，2008 (3)：58 - 62.

[10] 杜晓山．印度安德拉邦小贷危机的中国之鉴 [J]．中国农村金融，2011 (10)：31 - 34.

[11] 董少林．农村信用社提高小额信贷扶贫效率的理性思考 [J]．海南金融，2004 (2)：46 - 48.

[12] 杜晓山，孙若梅．中国小额信贷的实践和政策思考 [J]．财贸经济，2000 (7)：32 - 37.

［13］杜晓山，孙同权，张群．公益性及商业性小额信贷社会绩效管理比较研究［J］．现代经济探讨，2011（5）：42－47．

［14］杜晓山，张保民，刘文璞，白澄宇．对民间或半政府机构开展扶贫小额信贷的政策建议［J］．红旗文稿，2004（6）：19－21．

［15］杜晓山．试论建立以扶贫为宗旨的乡村金融组织［J］．中国农村观察，1993（2）：34－40．

［16］杜晓山．商业化、可持续小额信贷的新发展——德国、阿尔巴尼亚和乌克兰小额信贷的研讨和考察［J］．中国农村经济，2003（10）：77－79．

［17］杜晓山．中国农村小额信贷的实践尝试［J］．中国农村经济，2004（8）：12－19，30．

［18］杜晓山．小额信贷的发展和模式——演讲摘要［J］．金融与经济，2007（8）：23－26．

［19］杜晓山．非政府组织小额信贷机构可能的发展前景［J］．中国农村经济，2008（5）：4－10．

［20］杜晓山．我国小额信贷发展报告［J］．农村金融研究，2009（2）：37－44．

［21］杜晓山．小额信贷的未来［J］．华夏星火，2009（5）：51－53．

［22］杜志雄，唐建华．有关小额信贷几个主要问题的讨论综述［J］．中国农村观察，2001（2）：15－22．

［23］段应碧．发展公益小额信贷组织，破解贫困农户贷款难题［J］．农业技术经济，2011（1）：4－6．

［24］高洪深．决策支持系统（DSS）理论·方法·案例［M］．北京：清华大学出版社，2005：288．

［25］郭沛．小额信贷：为贫困人口提供金融服务的创新方式［J］．中国农村信用合作，1999（5）：26－27．

［26］郭田勇．发展小额信贷机构增其资金来源是关键［J］．中国经济导报，2011－09－10（B01）．

［27］韩红．中国农村小额信贷制度模式与管理体系研究［D］．杨凌：西北农林科技大学，2008．

［28］韩俊，罗丹，程郁．信贷约束下农户借贷需求行为的实证研究

[J]. 农业经济问题, 2007 (2): 44 - 52.

[29] 韩俊, 罗丹, 程郁. 农村金融现状调查 [J]. 农村金融研究, 2007 (9): 9 - 20.

[30] 何广文, 杜晓山, 白澄宇, 李占武. 中国小额信贷行业评估报告 [J]. 中国小额信贷发展促进网络, 2009.

[31] 何广文, 李莉莉. 正规金融机构小额信贷运行机制及其绩效评价 [M]. 北京: 中国财政经济出版社, 2005: 116.

[32] 何广文, 李莉莉. 农村小额信贷市场空间分析 [J]. 银行家, 2005 (11): 108 - 111.

[33] 何广文. 从农村居民资金借贷行为看农村金融抑制与金融深化 [J]. 中国农村经济, 1999 (10): 42 - 48.

[34] 何广文. "只贷不存" 机构运行机制的创新和特征 [J]. 银行家, 2006 (8): 118 - 121.

[35] 何广文. 中国的小额信贷需求分析 [J]. 西南金融, 2008 (4): 12 - 14.

[36] 何剑伟. 中国农村小额信贷发展研究 [D]. 杨凌: 西北农林科技大学, 2008.

[37] 何明生, 帅旭. 融资约束下的农户信贷需求及其缺口研究 [J]. 金融研究, 2008 (7): 66 - 79.

[38] 胡金炎, 张乐. 非正规金融与小额信贷 [J]. 金融研究, 2004 (7): 123 - 131.

[39] 黄惠春, 褚保金, 张龙耀. 农村金融市场结构和农村信用社绩效关系研究——基于江苏省农村区域经济差异的视角 [J]. 农业经济问题, 2010 (2): 81 - 87.

[40] 黄磊, 倪民, 孙丰山. 论信用担保机构的融资职能与社会职能: 理论与个案研究 [J]. 金融研究, 2005 (3): 183 - 187.

[41] 贾峤. 中国农村小额信贷发展问题研究 [D]. 沈阳: 沈阳农业大学, 2008.

[42] 姜美善. 小额信贷机构所有权形式、管理与绩效分析 [J]. 金融理论与实践, 2010 (4): 44 - 48.

[43] 焦瑾璞. 中国小额信贷的任务和发展愿景 [J]. 中国金融,

2010（9）：37－38.

［44］孔荣，Calum Turvey，罗剑朝. 信任、利率与农村金融市场竞合关系——中国农村小额信贷市场的理论模型［J］. 农业技术经济，2007（5）：4－9.

［45］柯孔林，冯宗宪. 中国银行业全要素生产率测度：基于Malmquist-Luenberger 指数研究［J］. 数量经济技术经济研究，2008（4）：110－120.

［46］柯武刚，史漫飞. 制度经济学：社会秩序与共同政策［M］. 北京：商务印书馆，2008：32.

［47］刘西川. 贫困地区农户的信贷需求与信贷约束［D］. 杭州：浙江大学，2007.

［48］罗剑朝，于转利. 中小企业融资担保机构可持续发展的路径［J］. 经济管理，2011（2）：125－131.

［49］李辉. 实现小额信贷可持续发展的思考［J］. 辽宁大学学报（哲学社会科学版），2005（5）：55－59.

［50］李菁，蒋爱群. 论小额信贷扶贫模式的设计与评估［J］. 农村经济，2006（4）：66－70.

［51］李娟. 我国农村小额信贷效率低下的成因探析［J］. 财务与金融，2008（5）：20－22.

［52］李娟. 促进我国农村小额信贷效率改进的财政保障机制研究［J］. 财务与金融，2009（3）：27－31.

［53］李莉莉. 正规金融机构小额信贷运行机制及其绩效评价［D］. 北京：中国农业大学，2005.

［54］林丽琼. 小额信贷：近期文献评述［J］. 福建教育学院学报，2007（4）：37－41.

［55］林平，袁中红. 信用担保机构研究［J］. 金融研究，2005（2）：133－144.

［56］刘大耕. 小额信贷必须走可持续发展之路［J］. 中国农村信用合作，1999（12）.

［57］刘东文，苏配柚. 非盈利性小额信贷机构出路何在？［J］. 银行家，2006（12）：110－114.

［58］刘佳．中国银行业效率的实证分析（1999—2005 年）［J］．重庆工商大学学报（社会科学版），2006，25（5）：32－38.

［59］刘亮．一个小额信贷参与者的心声［J］．资本市场，2006（3）：57－59.

［60］刘庆娜，肖靖．农户小额信贷绩效评价与可持续发展［J］．经济与科技，2007（9）：19－24.

［61］刘庆娜．农户小额信贷绩效评价与可持续发展［D］．济南：山东大学，2008.

［62］刘西川，程恩江．小额信贷缓解农户正规信贷配给了吗？［J］．金融研究，2010（12）：190－206.

［63］刘西川，黄祖辉，程恩江．小额信贷的目标上移：现象描述和理论解释——基于三省（区）小额信贷项目区的农户调查［J］．中国农村经济，2007（8）：23－34.

［64］刘锡良，洪正．多机构并存下的小额信贷市场均衡［J］．金融研究，2005（3）：68－79.

［65］刘志荣．我国中小企业融资担保问题研究综述［J］．金融教学与研究，2009（1）：28－32.

［66］吕京娣，吕德宏．农户兼业对小额信贷还贷因素影响差异及次序性研究——基于陕西眉县的实证分析［J］．金融改革，2011（3）：19－24.

［67］罗必良．新制度经济学［M］．太原：山西经济出版社，2005.

［68］罗佳．中国农村小额信贷可持续发展研究［D］．福州：福建师范大学，2008.

［69］茅于轼．农村小额信贷的三个为什么［J］．同舟共济，2007（9）：38－39.

［70］茅于轼．兴办小额信贷的几点经验［J］．农村金融研究，2006（2）：41－42.

［71］欧阳敏华．基于模糊综合的商业小额信贷可持续发展评价［J］．商业时代，2006（5）：91－92.

［72］潘虹竹．农村小额信贷可持续发展研究［D］．长沙：湖南大学，2008.

［73］庞瑞芝，吕越，刘建明．防范农民道德风险的小额信贷机制研究［J］．农业经济问题，2010（8）：63－69，111．

［74］青木昌彦，周黎安译．比较制度分析［M］．上海：上海远东出版社，2001．

［75］人民银行小额信贷专题组编．小额贷款公司指导手册［M］．北京：中国金融出版社，2006．

［76］阮修星．小额贷款危机［N］．中华工商时报，2011－11－19．

［77］孙世艳．我国农村小额信贷可持续发展研究［D］．天津：天津财经大学，2010．

［78］施斐然．小额信贷在我国的可持续性发展［D］．上海：复旦大学，2006．

［79］斯蒂芬·P.罗宾斯，玛丽·库尔特著．管理学［M］．第七版．孙健敏，黄卫伟，王凤彬，焦叔斌，杨军译．北京：中国人民大学出版社，2002．

［80］宋平，罗剑朝．构建多层次供求均衡的现代农村金融体系初探［J］．西北农业学报，2009，18（6）：389－393．

［81］孙同全．扶贫小额信贷与公益信托制度研究［M］．北京：经济科学出版社，2006：84．

［82］Timothy J. Coelli, D. S. Prasada Rao, Christopher J. O' Donnell, George E. Battese. 2005. An Introduction to Efficiency and Productivity Analyysis. Second Edition. 刘大成译．效率和生产力分析导论［M］．北京：清华大学出版社，2009：36－233．

［83］谭霖．第一阶段改革期间农村信用社经营效率及影响因素分析——以广东省山区5市35家农信社为例［J］．金融纵横，2010（7）：58－62．

［84］谭民俊，农村小额信贷效率改进微观基础研究［D］．长沙：中南大学，2007．

［85］谭险峰．中国微型金融模式及其反贫困绩效研究综述［J］．中南财经政法大学研究生学报，2010（3）：69－76．

［86］汤敏．从国外经验看我国当前农村信用社小额信贷的发展问题［J］．中国审计，2003（8）：82－83．

［87］汤敏．小额贷款机构成功之谜．见农村金融改革与小额信贷研讨培训班资料．北京，2006.

［88］汤敏，姚先斌．"乡村银行"的贷款政策［J］．国际融资，2002（8）：49.

［89］汤文东．对小额信贷组织可持续发展的思考［J］．金融理论与实践，2009（1）：80－82.

［90］王松奇，何广文．传统农区金融需求与机构布局调研报告［J］．银行家，2007（7）：100－115.

［91］汪三贵，李莹星．印尼小额信贷的商业运作［J］．银行家，2006（3）：111－113.

［92］汪三贵．中国小额信贷可持续发展的障碍和前景［J］．农业经济问题，2000（12）：18－20.

［93］汪轶．小额信贷机构可持续发展问题研究［D］．成都：西南财经大学，2004.

［94］王根路，赵自伟，付焕芹．融资担保机构的发展亟待规范［J］．中国金融，2009（22）：86.

［95］王海静．妇女小额信贷机构绩效评估分析——基于内蒙古赤峰市昭乌达妇女可持续发展协会的实证研究［J］．妇女研究论丛，2011（5）：64－69.

［96］王杰，小额贷款公司运行效率分析——以黑龙江省为例［J］．经济研究导刊，2010（8）：111－112.

［97］王曙光．我国小额信贷发展面临的五大挑战［J］．中国农村信用合作，2006（6）：35－36.

［98］王曙光．发展小额信贷需要良好的制度环境［J］．新财经，2006（12）：18－19.

［99］魏建国，李春美．制度经济学视角下的农信社小额信贷［J］．当代经济，2008（3）：121－122.

［100］温铁军，刘海英，姜柏林．财政与行政资源对农村资金互助社发展的影响［J］．税务研究，2010（7）：88－90.

［101］温智良．制度创新与环境优化：农户小额信贷帕累托改进［J］．金融与经济，2005（3）：62－63.

[102] 吴典军，张晓涛．农户的信贷需求——基于 684 户农户调查的实证研究 [J]．农业技术经济，2008（4）：41 –47.

[103] 吴国宝．中国小额信贷扶贫研究 [M]．北京：中国经济出版社，2001：27 –30.

[104] 吴国宝．中国小额信贷扶贫研究 [M]．北京：中国经济出版社，2001：40 –41.

[105] 吴国宝．中国小额信贷扶贫研究 [M]．北京：中国经济出版社，2001：47.

[106] 吴冉．我国小额信贷可持续发展研究 [D]．成都：西南财经大学，2008.

[107] 吴少新，李建华，许传华．基于 DEA 超效率模型的村镇银行经营效率研究 [J]．财贸经济，2009（12）：45 –49.

[108] 夏荣静．关于我国农村小额信贷发展的研究综述 [J]．经济研究参考，2011（12）：37 –42.

[109] 熊德平．农村小额信贷：模式、经验与启示 [J]．财经理论与实践，2005（134）：39 –43.

[110] 熊芳．微型金融机构（MFIs）发展的文献综述 [J]．金融发展研究，2009（4）：25 –27.

[111] 徐绍红．农村信用社小额信贷可持续发展研究 [D]．北京：北京交通大学，2006.

[112] 严盛虎．小额信贷可持续发展的影响因素分析 [J]．甘肃农业，2004（5）：51 –52.

[113] 严盛虎．中国小额信贷可持续发展研究 [D]．北京：北京林业大学，2004.

[114] 颜廷军，杨旭光．打造小额信贷的支农营销网络——山东省潍坊市案例 [J]．中国金融，2008（7）：76 –79.

[115] 杨迪航，罗荷花．小额信贷可持续发展综合评价指标体系构建及实证分析 [J]．江苏农业科学，2011，39（3）：571 –573.

[116] 杨骏．我国农村金融的覆盖面和可持续性——一个系统性回顾和评价 [J]．金融与经济，2007（2）：14 –19.

[117] 杨素梅．金融抑制问题研究综述 [J]．农业经济，2007（12）：

62 – 63.

［118］姚先斌，程恩江．小额信贷的概念、原则及在中国的实践［J］．中国农村经济，1998（4）：52 – 57.

［119］尹双明．我国中小企业信用担保体系：问题与创新［J］．山东经济，2007（1）：73 – 77.

［120］应宜逊，黄震宇等．我国小额农贷体制的特点及改进思路［J］．金融研究，2005（5）：180 – 190.

［121］于转利，罗剑朝．小额信贷机构的全要素生产率——基于 30 家小额信贷机构的实证分析［J］．金融论坛，2011（6）：32 – 39.

［122］于转利，罗剑朝．影响农户小额信贷的因素分析——以杨凌 W 镇为例［J］．西藏民族学院学报（哲学社会科学版），2011（5）：114 – 119.

［123］于转利，赵国栋．西部小额信贷机构效率分析——16 个样本比较［J］．开发研究，2011（3）：102 – 106.

［124］袁象，余思勤，卞玥杰．中国信用担保机构的信用风险分析［J］．金融论坛，2008（2）：53 – 57.

［125］袁晓玲，张宝山．中国商业银行全要素生产率的影响因素研究［J］．数量经济技术经济研究，2009（4）：93 – 104，116.

［126］约纳森·莫达奇．关于小额信贷的可持续性问题［J］．中国农村经济，1998（9）：33 – 36.

［127］翟照艳，王家传，韩宏华．中国农户投融资行为的实证分析［J］．经济问题探讨，2005（4）：30 – 34.

［128］曾之明，岳意定．基于博弈分析的小额信贷信用风险管理机制创新［J］．商业经济与管理，2010（8）：60 – 66.

［129］张成虎，杨智斌．小额信贷额市场化可持续发展的经济学分析［J］．人文杂志，2009（4）：32 – 43.

［130］张健华．我国商业银行效率研究的 DEA 方法及 1997—2001 年效率的实证分析［J］．金融研究，2003（3）：11 – 25.

［131］张杰，高晓红．注资博弈与中国农信社改革［J］．金融研究，2006（3）：48 – 56.

［132］张杰，谢晓雪，张淑敏．中国农村金融服务：金融需求与制度

供给［J］. 西安金融，2006（3）：20 – 26.

［133］张杰. 解读中国农贷制度［J］. 金融研究，2004（2）：1 – 8.

［134］张杰. 农户、国家与中国农贷制度：一个长期视角［J］. 金融研究，2005（2）：1 – 12.

［135］张乐柱，胡浩民. 小额信贷"郁南模式"的制度性解析——农村金融改革发展新探索［J］. 学术研究，2011（1）：91 – 98.

［136］张黎华，张文国. 中小企业担保机构信用保险制度探析［J］. 上海金融，2003（11）：21 – 22.

［137］张丽霞. 我国农村小额信贷的可持续发展研究［D］. 武汉：华中师范大学，2006.

［138］张青庚，黄洁春. 对担保机构担保项下中小企业信贷业务的风险管理［J］. 金融论坛，2006（2）：23 – 30.

［139］张润林. 微型金融研究文献综述［J］. 经济学动态，2009（4）：133 – 137.

［140］赵冬青，王康康. 微型金融的历史与发展综述［J］. 金融发展研究，2009（1）：77 – 79.

［141］中国人民银行赤峰市中心支行、元宝山支行课题组. 制约融资担保机构发展的障碍分析［J］. 内蒙古金融研究，2009（7）：48 – 50.

［142］周三多，陈传明等. 管理学原理［M］. 南京：南京大学出版社，2006.

［143］王传言，王红义. 制度变迁视角下我国非政府组织小额信贷制度困境及对策分析［J］. 安徽广播电视大学学报，2008（1）：40 – 42.

［144］Albertpark, Changqingren. Microfinance with Chinese Characteristics［J］. World Development, 2001, 29（1）：pp. 39 – 62.

［145］Andrew H. Chen. Research in finance. Emerald Group Publishing, 2006, 22：163.

［146］Bassem, Ben Soltane. Efficiency of microfinance institutions in the Mediterranean：An application of DEA［J］. Transition Studies Review, 2008, 15：343 – 354.

［147］Beatriz Armendariz, Jonathan Morduch. Microfinance beyond group lening［J］. Economics and Transition, 2002, 8（2）：401 – 420.

［148］ Begona Gutiérrez Nieto, Carlos Serrano Cinca, Cecilio Mar Moline-ro. Microfinance institutions and efficiency ［J］. OMEGA, 2007, 35: 131 - 142.

［149］ Caves, D. W. , L. R. Christensen and W. E. Diewert. Multilateral comparisons of output, input and productivity using superlative index numbers ［J］. Economic Journal, 1982 (92): 73 - 86.

［150］ Caves, D. W. , L. R. Christensen and W. E. Diewert. The econom-ic theory of index numbers and measurement of input, output and productivity ［J］. Econometrica, 1982 (50): 1393 - 1414.

［151］ Caudill, Steven B. , Gropper, Daniel M. , and Hartarska, Valen-tina. Which microfinance institutions are becoming more cost effective with time? Evidence from a Mixture Model ［J］. Journal of Money, Credit and Banking, 2009, 41 (4): 651 - 672.

［152］ Cesar Lopez, Jorge de Angulo. Bridging the finance gap: ACCION's experience with guarantee funds ［J］. Accion Insight, 2005, 9: 1 - 17.

［153］ Francesco Columba, Leonardo Gambacorta, Paolo Emilio Mistrul-li. Mutual guarantee institutions and small business finance ［J］. Journal of Fi-nancial Stability, 2010 (6): 45 - 54.

［154］ Gonzalez, Adrian. Efficiency drivers of microfinance institutions (MFIs): The case of operating costs ［EB/OL］. www. themix. org/Microbank-ing bulletin, no. 15. ［2009. 9. 27］.

［155］ Gonzalez-Vega, C. Stages in evolution of thought on rural finance. Occasional Paper No. 2134, Rural Finance Program, Ohio State University, 1994.

［156］ Haq, Mamiza. , Skully, Michael, Pathan, Shams. Efficiency of microfinance institutions: A Data Envelopment Analysis ［J］. Asia-Pacific Finan Markets, 1994 (17): 63 - 97.

［157］ Hassan, M. Kabir. and Sanchez, Benito. Efficiency analysis of mi-crofinance institutions in developing countries. Working Paper, 2009 (10): 1 - 22.

［158］Joel M. Guttman. Assortative matching, adverse selection, and group lending ［J］. Journal of Development Economics, 2008（87）：51－56.

［159］Jonathan Adongo Christoph Stork. Factors influencing the financial sustainability of selected microfinance institutions in Namibia. http：// www. microfinancegateway. org/p/site/m//template. rc/1. 1. 9481 ［2010. 1. 4］.

［160］Jonathan Conning. Outreach, sustainability and leverage in monitored and peer-monitored lending ［J］. Journal of Development Economics, 1999（60）：51－77.

［161］Jonathan Morduch. The Microfinance promise ［J］. Journal of Economic Literature, 1999（37）：1569－1614.

［162］Jonathan Morduch. Niels Hermes, Robert Lensink and Aljar Meesters. Outreach and efficiency of microfinance institutions, Working Paper Series, 2008.

［163］Jonathan Morduch. The Role of subsidies in microfinance：Evidence from the Grameen Bank ［J］. Journal of Development Economics, 1999（60）：229－248.

［164］Jonathan Morduch. Microfinance sustainability：A consistence frame and new evidence on the Grameen Bank. Harvard University, First Draft, 1997.

［165］Kempson, E and Whyley, C. Kept out of opted out? Understanding and combating financial exclusion ［J］. Humanities：psychology and social sciences, 1999（5）.

［166］Khandker S R. , Khalily B, Khan Z. Grameen Bank：Performance and sustainability, World Bank Discussion Paper No. 306, Washington, D. C. ：the World Bank, 1995.

［167］Lafourcade, Anne-Lucie. , Isern, Jennifer. , Mwangi, Patricia. and Brown, Matthew. Overview of theoutreach and financial performance of microfinance institutions in Africa ［EB/OL］. http：//www. griequity. com/resources/industryandissues/financeandmicrofinance/Africa_ Data_ Study. pdf, 2005.

［168］Manfred Zeller, Richard L Meyer. The triangle of microfinance：Financial sustainability, outreach and impact ［M］. Baltimore and London, The

Johns Hopkins University Press, 2002.

[169] Marguerite S. Robinson. The microfinance revolution: Sustainable finance for the poor [J]. The World Bank, 2001 (8): 28 – 35.

[170] Qayyum, Abdul. , Ahmad, Munir. Efficiency and sustainability of microfinance institutions in South Asia. University Library of Munich, Germany, MPRA paper with number, 2006: 1 – 37.

[171] Robert Peck Christen, Elisabeth Rhyne, Robert C. Vogel. Mixmizing the outreach of microenterprise finance: An analysis is of successful microfinance programs. USAID Program and Operations Assessment RePort, 1995: 10 – 16.

[172] Rosenberg, R. Microcredit interest rates. in Robinson, M. 2003. The microfinance revolution: sustainable finance for the poor. Vol. 1. Washington D. C. : the World Bank, 1996.

[173] Ronald Coase. The nature of the Ffirm [J]. Economica, 1937, 4: 386 – 405.

[174] Ronald Coase. The problem of the social cost [J]. Journal of Law and Economics, 1960, 3: 1 – 44.

[175] Sinha, Sanjay. Efficiency with growth: The emerging face of Indian microfinance [J]. Finance for the Poor, 2007, 8 (3): 1 – 12.

[176] Valentina Hartarska. Governance and performance of microfinance institutions in Central and Eastern Europe and the Newly Independent States [J]. World Development, 2005, 33 (10): 1627 – 1643.

[177] Yaron, Jacob. Successful microfinance institutions. The International Bank for Reconstruction and Development [J]. the World Bank, 1992.

[178] Yaron, Jacob. What makes rural finance institutions successful? [J]. World Bank Research Observe, 1994, 9 (1): 56 – 71.

后　记

本书是在我博士论文的基础上修改完成的，并获教育部 2011 年度"长江学者和创新团队发展计划"创新团队项目（项目名称：西部地区农村金融市场配置效率、供求均衡与产权抵押融资模式研究，2012.1—2014.12，项目编号：IRT1176）等资助得以出版。

小额信贷是一件惠及中下层群众的事业，它让失去信贷权的低层群体有了公平的信贷权利。小额信贷研究是一种解读、剖析工作，让更多的人了解它、接纳它、推广它、研究它，这就是我从事小额信贷研究的目的，也是我出版此书的初衷。

读博士是一件得失并重的事，它的滋味如饮凉水，冷暖自知。不经一番寒彻骨，哪得梅花扑鼻香。无论是否获得满身梅香，这心向梅香的过程还是要完成。这期间要付出的不仅仅是时间、精力、体力，还有迷茫、惆怅、失落。最终完成博士论文时，心中真是感慨万千。这其中的滋味不是博士论文可以说明的，也不是博士证书可以证明的。

此书得以出版源于我的导师罗剑朝教授的帮助。我身体不好，所以博士论文的进展缓慢。但是导师的指导耐心细致，不厌其烦。导师非常繁忙，还是抽出时间来给我的博士论文制定详细的写作提纲和修改意见。除此之外，他在生活上也对我多有关照，使我可以在恢复身体的同时，开展博士论文撰写工作。工作上的关心更使我受益匪浅。工作的要领、教学的技巧和科研的诀窍，都是从他那里获得。作为罗教授的学生，我也从他身上学会了为人处事之道及包容大度的心胸。我自己时常犯一些小错误，导师总是提纲挈领地点到为止，使我自己明白问题的关键。这常使我内疚，自己的进步和成熟太慢了，但更多的是感激导师的宽容和仁慈。

学习与研究的过程充满着艰辛。除了恩师的指导与关心，西北农林科技大学经管学院的其他老师也给了我很大的帮助。在那里，一些知识丰富、见解独到的教授们在给我们知识的同时也给了我们信念：研究农业、农村和农民，为"三农"服务。

非常有幸，我在中国农业大学经济管理学院做了半年访学博士，访学导师何广文教授领我进入一个广阔的研究领域。视野的开阔、眼域的拓宽使我明白浩瀚的知识海洋中个人的渺小，学无止境是真谛。在此动力下，经常去北京大学听课，试图抓住机会让自己多学一些。访学时间虽然不长，但从何教授身上我学到了许多。何教授精湛的学识、严谨的学风以及平易近人的态度都让我深受感动。

中国社会科学院农村发展研究所的杜晓山研究员对我及我的研究给予了很大帮助，对我的论文写作提出很多宝贵意见，在此深表谢意！

感谢我工作的单位西藏民族学院，感谢西藏民族学院财经学院的领导和同事们，有了你们的支持、你们的帮助，才有我现在顺利完成学业，在此一并谢过。

感谢我的家人。虽然家中并不富裕，但他们一直默默支持我的学业，并在生活上给予我最大的帮助与支持，没有他们就没有我的这篇论文，也没有我的现在。家，是我最想、最依恋与最爱的地方！最感谢我的爱人赵国栋先生，感谢他陪我调研、帮我整理资料、替我修改论文，感谢他在我读博期间给予的最大支持和鼓励！